MBTI

La teoria Myers-Briggs e le 16 personalità

MBTI

La teoria Myers-Briggs e le 16 personalità

Agata Privitera

Indice

Introduzione

Questo libro è il frutto di un'ossessione.

Molti anni fa qualcuno mi ha parlato dell'MBTI, mi ha proposto un test online e io, incuriosita, l'ho fatto. Ho scoperto il mio tipo psicologico (che tra l'altro era quello sbagliato) e mi sono anche lievemente entusiasmata perché mi riconoscevo molto nella descrizione (era un tipo molto simile a quello corretto). Tuttavia non ho approfondito molto, mi sono tenuta il mio lieve entusiasmo per un po' e poi me ne sono quasi completamente dimenticata per un periodo di tempo durato anni.

Poco più di un anno fa, per una serie di motivi, mi sono trovata di nuovo a contatto con la teoria Myers-Briggs e, soprattutto, con altre persone molto interessate all'argomento. Questa volta ho approfondito. Mi sono sottoposta a tantissimi test, ma soprattutto ho fatto molte ricerche su tutti i tipi psicologici – non più soltanto il mio –, sulla personalità, sulle funzioni cognitive, e a poco a poco questa è diventata la mia ossessione.

Ovviamente non c'è niente di sano in un'ossessione, e non è certo una cosa di cui vantarmi. Ma il mio interesse e il mio amore per questa teoria sono fondati su un fatto che non posso ignorare: la teoria Myers-Briggs mi ha insegnato tantissimo su me stessa e sugli altri: mi ha insegnato che certe parti di noi non sono sbagliate solo perché gli altri non le capiscono; mi ha insegnato che non siamo soli. Mi ha fatto sentire capita. E mi ha fatto capire meglio gli altri, specialmente quelli molto diversi da me. La conoscenza dell'MBTI non fa miracoli, ma conoscere e capire gli altri è il modo più efficace per evitare scontri inutili e per ottenere di più dalla nostra vita e dalle nostre relazioni, che siano di tipo affettivo, lavorativo, formale. Capire chi abbiamo di fronte, in realtà, è utile in qualsiasi momento e ambito della vita.

Se ho deciso di scrivere questo libro è perché vorrei che questi insegnamenti raggiungessero il maggior numero possibile di persone. Non c'è bisogno di farsene ossessionare, comunque.

Capitolo 1

Che cos'è l'MBTI

1.1 Origini della teoria

Il cervello umano raccoglie informazioni classificandole in gruppi e insiemi. Ciò significa che ogni nuova informazione viene inserita in un gruppo preesistente, oppure viene creato un nuovo gruppo apposito, identificato da un nome e contenente tutte le informazioni relative a oggetti accomunati da una serie di criteri. In altre parole, tendiamo a etichettare tutto quello che conosciamo, e facciamo la stessa cosa anche con le persone.

Ecco perché, sin dai tempi più antichi, precursori e pionieri della psicologia hanno tentato di classificare gli esseri umani anche in base alle diverse componenti delle loro personalità. Il primo fu Ippocrate, il quale individuò quattro temperamenti, determinati dalle proporzioni tra quattro umori presenti negli esseri umani: sanguigno (dove l'umore prevalente è il sangue), collerico (con prevalenza di bile gialla), malinconico (bile nera), flemmatico (flegma).

Ma è solo agli inizi del ventesimo secolo che l'interesse nei confronti della psicologia vera e propria prende piede, soprattutto negli Stati Uniti e per motivi molto più pratici che teorici. Lo scopo non era infatti quello di elaborare teorie affascinanti sul funzionamento della psiche umana ma, al contrario, quello di sfruttare la natura e le attitudini degli individui in modo che fossero funzionali a raggiungere determinati obiettivi, relativi ai guadagni economici, alle vittorie belliche e così via.

Il 1921 è l'anno in cui viene pubblicato *Tipi psicologici*, lo studio di Carl Gustav Jung che ha ispirato l'MBTI (Myers-Briggs Type Indicator). Proprio al fine di impiegare le capacità individuali nel modo più funzionale possibile in tempo di guerra, nel 1943 Katherine Cook Briggs e la figlia Isabel (poi Briggs Myers), studiose della personalità, elaborano un primo test in grado di determinare la personalità sulla base dei criteri indicati da Jung: si tratta della prima versione in assoluto dell'Indicatore MBTI. Sarà tuttavia necessario attendere fino al 1980 perché la teoria e il modello inizino a diffondersi su larga scala.

1.2. Disposizioni e funzioni

La teoria Myers-Briggs ha il merito di aver approfondito aspetti che erano assenti nell'iniziale teoria delle personalità di Jung: nello specifico si tratta di aver aggiunto un'ulteriore disposizione, non contemplata da Jung.

La disposizione non è altro che un'inclinazione individuale verso un atteggiamento piuttosto che verso il suo opposto, ed è in larga misura geneticamente determinata. L'unica disposizione considerata da Jung riguarda l'asse Estroversione-Introversione (E/I), ed è indicata dal primo carattere nella sigla che definisce ogni tipo psicologico; per esempio ESFP, come indicato dal primo carattere (E), è un tipo estroverso. A questa prima disposizione, la teoria Myers-Briggs ne ha aggiunta una

12

seconda, quella relativa all'asse Giudizio-Percezione (Judging vs Perceiving, J/P).

Ogni tipo psicologico Myers-Briggs è classificato tramite una sigla composta da quattro caratteri, ognuno dei quali indica una componente della personalità. Oltre alle due *disposizioni* di cui sopra, le altre due componenti sono dette *funzioni*. Se le disposizioni indicano il modo in cui ci poniamo nei confronti della realtà esteriore, le funzioni indicano invece il modo in cui è organizzato il nostro mondo interiore, e più specificamente il modo in cui acquisiamo informazioni e i criteri in base ai quali prendiamo decisioni. Gli assi relativi alle funzioni sono: Sensazione-Intuizione (Sensing vs Intuition, S/N[1]) e Pensiero-Sentimento (Thinking vs Feeling, T/F).

Per fare un esempio concreto, la sigla INFJ indica una personalità caratterizzata da Introversione, Intuizione, Sentimento e Giudizio.

Ricapitolando, nel sistema Myers-Briggs ogni tipo psicologico è determinato da quattro componenti, di cui due disposizioni e due funzioni:
- Estroversione-Introversione (E/I): disposizione
- Sensazione-Intuizione (S/N): funzione
- Pensiero-Sentimento (T/F): funzione
- Giudizio-Percezione (J/P): disposizione

Possiamo immaginare ogni asse come il braccio di una bilancia: in ogni individuo la pendenza di ciascun braccio è diversa, e questo riguarda anche gli individui appartenenti allo stesso tipo psicologico. Per esempio, in un ISFJ (Introversione, Sensazione, Sentimento,

---

[1]Per indicare l'intuizione, il carattere utilizzato è N poiché I è già impiegato per indicare l'introversione.

Giudizio) il braccio E/I può pendere in modo deciso verso l'introversione, ma questo non vuol dire che tutti gli ISFJ siano estremamente introversi; in un altro individuo, seppur ISFJ, la pendenza può essere molto lieve. Il secondo ISFJ avrà dunque un modo di fare diverso rispetto al primo ISFJ; ciò non cambia che i due individui siano entrambi ISFJ.

È infatti importante sottolineare che ognuno di noi utilizza *tutte* le componenti, soltanto in misura diversa. La S di un ESFP non significa che quell'individuo acquisisca tutte le informazioni esclusivamente tramite i suoi sensi e che sia del tutto privo di intuizione; significa solo che, di norma, fa più affidamento sui sensi che non sull'intuizione, *di cui comunque è dotato*. La combinazione tra le varie preferenze dà origine a un totale di 16 possibili tipi psicologici.

In definitiva, dunque, il tipo psicologico ci dà informazioni preziose riguardo alle preferenze e le attitudini di un individuo, ma non è un'etichetta che può, da sola, classificare in maniera definitiva una personalità. Ogni individuo resta – per fortuna – pur sempre unico e mai del tutto prevedibile.

Capitolo 2

I quattro assi

2.1 Scegliere il proprio tipo psicologico

Nel corso della nostra vita possiamo lavorare su noi stessi e migliorarci, smussare alcuni angoli del nostro carattere, sviluppare capacità, ma non possiamo scegliere la nostra personalità e, per quanto lavoriamo, non possiamo cambiarla radicalmente. Ciò significa anche che è impossibile scegliere o modificare il proprio tipo psicologico. Un introverso non può decidere da un giorno all'altro di diventare estroverso o viceversa, e lo stesso discorso vale per tutti gli altri assi.

È possibile però – e auspicabile – avvicinarsi sempre più al centro di ogni asse. L'unica alternativa è quella di eccedere in un senso o nell'altro. Tuttavia, il braccio della bilancia non starà mai in posizione perfettamente orizzontale, ma tenderà sempre a pendere da un lato o dall'altro, anche se in maniera impercettibile; in altre parole, non si può smettere di preferire un meccanismo al suo opposto, nemmeno se si è in grado di usare quest'ultimo alla perfezione. Il primo risulterà sempre il più immediato e naturale.

Per fare un esempio più concreto, non si può smettere di essere intuitivi per diventare sensoriali, ma si può invece sviluppare l'uso e la fiducia nelle proprie percezioni sensoriali e raggiungere quindi un maggiore equilibrio tra sensi ed intuito.

Con l'età e il passare degli anni le persone tendono ad avvicinarsi al centro di ogni asse in modo automatico, a meno di non subire traumi o sconvolgimenti che spingano il perno verso l'estremità. Ecco perché in gioventù si può manifestare un estremismo molto più marcato in determinati aspetti del carattere, che risulterà invece più equilibrato nell'età adulta. In teoria, quindi, stabilire il tipo psicologico di un ragazzo dovrebbe risultare più facile: nel caso in cui non si sia in grado di dare una risposta definita, infatti, i test online suggeriscono spesso di pensare a quale sarebbe stata la risposta durante l'adolescenza o poco più tardi.

È necessario, però, considerare anche che la personalità di un individuo comincia a stabilizzarsi intorno ai dodici anni; perciò, quando si cerca di stabilire il tipo psicologico di un bambino, non bisogna dimenticare che la sua personalità potrebbe più tardi manifestare aspetti imprevisti. Che un bambino sia estroverso oppure introverso, in genere, è piuttosto evidente già dai primi anni della sua vita; gli altri aspetti della personalità, tuttavia, non sono altrettanto semplici da identificare.

2.2 L'asse Estroversione-Introversione (E/I)

Nel linguaggio quotidiano tendiamo ad abusare degli aggettivi "estroverso" ed "introverso" e a stravolgerne il significato. Nello specifico, quando definiamo una persona estroversa, intendiamo dire che è allegra e socievole, che ama passare il tempo fuori a divertirsi; definiamo invece introversa una persona che attira poco l'attenzione, silenziosa, che tende a stare sulle sue e, magari, che lancia occhiate d'odio alle persone che la circondano. In realtà estroversione e introversione sono due cose ben diverse, almeno secondo l'MBTI.

È definito estroverso un individuo la cui attenzione è prevalentemente rivolta verso il mondo esterno: eventi, persone, condizioni meteorologiche e così via. Ecco perché l'estroverso risulta più socievole e amichevole rispetto all'introverso, e tende ad avere interessi molto più vari – anche se spesso meno stabili e approfonditi – che gli piace condividere con altre persone. In sostanza, l'estroverso ricarica le proprie pile attraverso l'energia che gli viene da fuori, perciò ha bisogno di relazionarsi col mondo esterno soprattutto quando si sente "scarico".

All'introverso succede il contrario. È un individuo che rivolge la sua attenzione in prevalenza verso il suo mondo interiore. Quando l'introverso si sente stanco e scarico, andare a una festa o passare del tempo in mezzo a una folla urlante è l'ultima cosa di cui ha bisogno; ciò che davvero gli è utile è passare del tempo in compagnia di se stesso, riflettendo e svolgendo attività che in genere non prevedono la presenza di (molte) altre persone. A seconda della percentuale di introversione, ma anche dello specifico tipo psicologico, l'introverso può perfino avere la tendenza – in determinati momenti – a isolarsi rispetto al mondo esterno e risultare assente, semplicemente perché è del tutto assorbito dal suo mondo interiore, al punto da non accorgersi di cosa gli succede intorno. Nelle occasioni sociali può sentirsi a disagio e risulterà timido e in generale non è un chiacchierone, perché tende a parlare solo quando ha qualcosa di davvero significativo da dire per contribuire alla conversazione. Preferisce avere pochi amici ma buoni. Rispetto all'estroverso, ha di solito meno interessi, ma più specifici e mirati. Per quanto possa apprezzare la condivisione, l'introverso ha bisogno di lavorare da solo, di riflettere per conto suo e di trovare le risposte che cerca dentro di sé, finché non raggiunge le conclusioni che, in un secondo momento, può comunque scegliere di condividere con gli altri. A differenza dell'estroverso, l'introverso tende a tenere le porte chiuse e sentirsi infastidito dalle interruzioni, dalle telefonate e dalle visite inattese, a volte al punto di non rispondere affatto.

Come già detto, ognuno di noi utilizza tutte le componenti della personalità: ciò significa che nessun introverso è concentrato solo sul suo mondo interiore e nessun estroverso solo sul mondo esteriore. A seconda delle necessità, entrambi sono perfettamente – chi più, chi meno – in grado di guardare anche dall'altra parte. Osservando una persona il cui braccio della bilancia non pende in modo deciso verso uno dei due poli, può perfino essere difficile stabilire se è estroversa o introversa. Alcuni introversi, quindi, possono sembrare estroversi e viceversa.

Per stabilire con certezza se un individuo è introverso oppure estroverso è dunque importante chiedersi da dove attinga energia quando si sente scarico, e/o se abbia bisogno periodicamente di stare per conto suo: non esiste infatti un introverso che non ne abbia bisogno, per quanto socievole possa essere o sembrare. Così come non esiste un estroverso che non cerchi stimoli esterni, anche nel caso in cui sembri più timido e riservato.

"Molti attori, brillanti comunicatori e scrittori spesso sono introversi ma non lo sembrano, perché il fatto di essere riusciti a condividere nella società quello che scaturisce dalla loro interiorità e di avere ricevuto dei riconoscimenti può farli apparire estroversi."[2]

---

[2]*I tipi psicologici: istruzioni per l'uso*, Eva Maria Franchi, Fontana Editore, 2017, versione ebook.

Riassumendo:

- L'estroverso si sente più vivo quando sta in mezzo alla gente, quando è aggiornato su quello che succede intorno a lui; l'introverso quando sta da solo o in compagnia di poche persone scelte, in un luogo tranquillo in cui può ascoltare i propri pensieri.
- L'estroverso pensa e parla contemporaneamente, non ha bisogno di programmare il discorso in anticipo; l'introverso non parla di getto, ha bisogno di pensare prima a quello che vuole dire.
- L'estroverso agisce spesso d'impulso; l'introverso riflette a lungo prima di agire.
- L'estroverso ha molti interessi, ma non sempre li approfondisce; l'introverso ne ha meno, ma dedica molta energia al loro approfondimento.
- L'estroverso non è infastidito dalle interruzioni perché le vive come nuovi stimoli; l'introverso le vive come fastidi e distrazioni poco utili.

Ancora una volta: è difficile che il braccio della bilancia penda del tutto verso un estremo, perciò, nella maggior parte dei casi, non ci si può riconoscere totalmente in tutti i requisiti dell'estroverso o dell'introverso; per capire se siamo introversi oppure estroversi, basta chiedersi a quali comportamenti ci sentiamo più vicini in generale (o a quali tendevamo ad avvicinarci durante l'adolescenza).

2.3 L'asse Sensazione-Intuizione (S/N)

Il secondo asse indica il modo in cui elaboriamo tutti i dati e le informazioni che percepiamo dalla realtà che ci circonda. Nello specifico, come si può facilmente dedurre, lo strumento preferito dei tipi sensoriali sono i cinque sensi, mentre quello degli intuitivi è l'intuito. Ciò non toglie che i sensoriali siano dotati anche di intuito, più o meno sviluppato, e che gli intuitivi utilizzino anche i loro sensi. Il contrario sarebbe impossibile.

In altre parole, un sensoriale tende a vedere in un oggetto un oggetto: può ricordargli o evocargli altre immagini, ma in sostanza l'oggetto non cambia. L'intuitivo, invece, tende ad andare oltre l'aspetto concreto dell'oggetto, e la parte più importante per lui sarà quella astratta, ciò che l'oggetto rappresenta o le sue potenzialità, i suoi possibili usi che vanno al di là di quello standard. Naturalmente entrambi sono in grado di vedere entrambi gli aspetti dell'oggetto, e a distinguere un sensoriale da un intuitivo è solo quale delle due risposte si presenta per prima. Inoltre, il sensoriale tende a cogliere i dettagli molto più facilmente e automaticamente rispetto a un intuitivo, che invece tende a cogliere la visione d'insieme.

I tipi sensoriali sono quindi più pratici e realistici, forse più cinici e meno creativi. Vogliono fatti concreti, non interpretazioni. Al contrario, i tipi intuitivi sono annoiati dai dettagli concreti e affascinati, invece, dalla visione d'insieme e dalle potenzialità delle cose che li circondano. Quando un sensoriale osserva o pensa a qualcosa, la domanda che si pone è "come, in che modo?" e si concentra soprattutto su presente e passato; l'intuitivo invece si chiede "perché, a che scopo?" e si concentra soprattutto sul futuro.

Riassumendo:
- Il sensoriale si affida soprattutto ai sensi e alla sua esperienza, risolve i problemi utilizzando soluzioni già brevettate; l'intuitivo si affida

all'intuito e all'istinto, cerca soluzioni sempre nuove.

- Il sensoriale è più attento a fatti concreti e dettagli; l'intuitivo ai significati, alle possibilità, ai collegamenti tra cose diverse.
- Il sensoriale è quello che spesso viene definito "coi piedi per terra"; l'intuitivo "sognatore" o "idealista".
- Il sensoriale tende a seguire uno schema prestabilito, a finire una cosa prima di iniziarne un'altra; l'intuitivo passa spesso da una cosa all'altra a seconda dell'ispirazione o dell'umore, senza imporsi alcun ordine.
- Il sensoriale resta concentrato sul presente oppure rimugina sul passato; l'intuitivo è proiettato verso il futuro, non gli interessa tanto come stanno le cose quanto come si svilupperanno.
- Il sensoriale resta attaccato a ciò che conosce già, continua a fare le cose che ritiene di saper fare bene; l'intuitivo cerca attività e interessi sempre nuovi, si annoia facilmente.
- Il sensoriale è scettico nei confronti di teorie o ipotesi non ancora confermate; l'intuitivo è affascinato dall'ignoto.

2.4 L'asse Pensiero-Sentimento (T/F)

Il terzo asse si riferisce al modo in cui prendiamo decisioni. Mentre i *thinkers* lo fanno sulla base di pensieri e riflessioni, della valutazione razionale dei fatti, i *feelers* si basano invece sui propri valori, sulle emozioni e sulle conseguenze che la decisione presa avrà per sé e per gli altri. Per un *thinker* ciò che conta è la verità, per un *feeler* la giustizia. Un errore frequente e da evitare è quello di pensare a *feelers* e *thinkers* come "buoni" e "cattivi": un *feeler* prende le sue decisioni in base ai suoi valori personali e fa quello che ritiene giusto, ma la sua azione potrebbe apparire spietata agli occhi di qualcuno che ha valori diversi. Allo stesso modo, un *thinker* potrebbe non rendersi conto che le sue parole hanno ferito qualcun altro, perché lui ha solo detto la verità, ma questo non significa che avesse l'intenzione di ferire. Come per le altre dicotomie, qui si parla solo di persone che funzionano in due modi differenti, ma nessuno dei due modi è in assoluto migliore o peggiore dell'altro.

Immaginiamo, ad esempio, i due tipi di fronte a un bambino che sta scrivendo una lettera per Babbo Natale. Il tipo T penserà che sarebbe meglio, per il bambino, sapere che Babbo Natale non esiste, perché prima o poi lo scoprirebbe comunque ed è inutile che continui a credere a delle stupidaggini senza fondamento. Il tipo F invece penserà che la fantasia e la fiducia sono il bello dell'infanzia e asseconderà il bambino finché riuscirà a credere in qualcosa anche se non può vederla. Più in generale, il primo avrà la tendenza a dire le cose in modo chiaro e diretto, perché stanno in quell'esatto modo e non serve cercare di addolcirle; il secondo tenderà ad avere più tatto, a pensare a come l'altra persona si sentirà: anche nel caso in cui decida di dire la verità, cercherà di renderla il meno brusca e sgradevole possibile.

Alcune persone, quando parlano di un film o di un libro, elogiano o criticano prevalentemente gli aspetti tecnici e spiegano perché quell'opera sia o non sia di buona qualità, così come altre persone invece adorano un film o un libro, anche di pessima qualità, perché quel film o quel libro le emoziona, a prescindere da come è realizzato. Questa è la differenza tra T ed F: non è che un *thinker* non abbia emozioni, o che un *feeler* non sia in grado di giudicare in maniera oggettiva e razionale; ma l'uno preferisce ascoltare il cervello, l'altro il cuore.

Jane Austen ha rappresentato questa differenza nel suo romanzo *Ragione e Sentimento* – di cui esiste anche una versione cinematografica –, che vede per protagoniste due sorelle molto diverse tra loro: da una parte Elinor, razionale e assennata, dall'altra Marianne, che si lascia trasportare dalle emozioni del momento.

Riassumendo:
- Il *thinker* prende decisioni dopo un'attenta analisi dei fatti; il *feeler* è più istintivo e ascolta il suo cuore.
- Il tipo T riesce a mantenere un certo distacco dalle situazioni che vive; il tipo F non riesce a evitare il coinvolgimento emotivo.
- Il tipo T è più razionale e logico; il tipo F più empatico ed emotivo.
- Per il tipo T è più importante dire la verità senza giri di parole; per il tipo F evitare di ferire i sentimenti altrui.
- Per il tipo T "la legge è uguale per tutti"; il tipo F è più pronto a chiudere un occhio in base alla specifica situazione.
- Il tipo T crede a ciò che è scientificamente provato o verificabile; il tipo F non ha bisogno di molte prove, fa più affidamento sulle sue sensazioni.

2.5 L'asse Giudizio-Percezione (J/P)

Il quarto e ultimo asse fa riferimento al modo in cui organizziamo la nostra esperienza e in generale la nostra vita. I termini *judging* e *perceiving* non indicano, come può sembrare, la semplice differenza tra *giudicare* e *percepire* così come, in italiano, le intendiamo nel linguaggio comune. Più che altro i tipi J tendono a seguire le regole (anche se sono autoimposte), mentre i tipi P a sperimentare e ad essere più spontanei. Per i tipi J esiste un modo preciso in cui ogni cosa va fatta, i tipi P invece lasciano aperte tutte le possibilità, per loro ogni cosa può essere fatta in mille modi differenti a seconda della situazione e dei mezzi.

Se volessimo generalizzare ed estremizzare – sempre ricordando che, per la maggior parte delle persone, il braccio della bilancia pende solo leggermente verso un polo o verso l'altro –, potremmo dire che i tipi J sono quelli puntuali, abitudinari, precisi, che attribuiscono a ogni oggetto una specifica posizione e che quindi sono ordinati e sanno sempre dove trovare le proprie cose, che non sopportano l'asimmetria e la confusione, che fanno ramanzine perché "non si scrive sui libri e non si fanno le orecchie per tenere il segno". I tipi P sono invece molto più creativi, accomodanti, non seguono regole prestabilite, non sono infastiditi dal disordine e anzi sono loro stessi disordinati e poco puntuali, a volte perfino inaffidabili, perché trovano sempre qualcosa da fare e sperimentare che li incuriosisce e li distrae dagli impegni precedenti. Sono quelli che non si creano nessun problema a scrivere sui libri e a piegare le pagine per ricordarsi dove sono arrivati e a cui non passerebbe mai per la testa di rimproverare qualcun altro che fa le stesse cose.

Come ha scritto Eva Maria Franchi: "per i tipi giudici è fondamentale mettere ordine nella propria vita, per i tipi percezione è fondamentale viverla"[3]. Tuttavia,

---

[3]Ivi.

sembra che a un ordine esteriore corrisponda il caos interiore e viceversa. I tipi J sono più organizzati fuori, ma i loro pensieri possono non avere ordine e risultare confusionari, poco lineari. Questi tipi possono avere difficoltà ad esprimere quello che pensano nel modo desiderato e risultare quindi poco chiari agli altri. Al contrario, i tipi P risultano meno organizzati nella vita, ma i loro pensieri sono più lineari e ordinati. Per esempio, in vista di un discorso pubblico, un tipo J avrà più probabilmente bisogno di prepararlo in anticipo, non solo perché la sua personalità glielo impone, ma anche perché, se improvvisasse, non sarebbe capace di spiegarsi come si deve. Al contrario, molti P sono perfettamente in grado di improvvisare, sia perché non hanno il tempo e la pazienza per preparare un discorso a tavolino, sia perché, appunto, i loro pensieri sono più lineari e non è dunque un problema esporli nel momento esatto in cui si presentano.

Come detto riguardo agli altri assi, anche in questo caso nessuno è completamente J o P, ma tutti siamo in grado di utilizzare entrambe le modalità. È, come al solito, solo una questione di preferenze. In questo caso più che in altri, l'estremismo potrebbe risultare controproducente, perché il tipo J estremista finirebbe per sfiorare il disturbo ossessivo-compulsivo, e il tipo P estremista perderebbe tutto il suo tempo tra una cosa e l'altra, senza mai concludere veramente nulla.

Riassumendo:
- Per il tipo J è importante programmare tutto in anticipo; il tipo P tende a improvvisare.
- Il tipo J si sente soddisfatto quando ha portato a termine un progetto o un compito; il tipo P è attratto dalle novità e da attività sempre nuove, anche se non ha concluso quelle già avviate.

- "Prima il dovere, poi il piacere" è il motto dei tipi J, perché non riuscirebbero a godersi il piacere sapendo di aver lasciato questioni in sospeso; per i tipi P è il contrario.
- I J sono di solito puntuali; i P sono spesso in ritardo perché prestano attenzione a tante cose contemporaneamente, anche impreviste.
- I J trovano facilmente tutto quello che hanno organizzato da soli, dando un ordine funzionale; i P sono poco organizzati e dispongono le loro cose senza un ordine preciso, perciò spesso non riescono a trovarle.

È importante non solo capire la propria personalità, ma anche assecondarla. Si dice che "chi nasce tondo non muore quadrato": sforzarsi di essere diversi da ciò che si è può solo essere controproducente e creare grossi problemi di autostima. Questo libro, e in generale la teoria Myers-Briggs, come qualsiasi altro studio sulla personalità, dovrebbe servire a individuare le proprie inclinazioni non per cambiarle, ma per capire se stessi e sfruttare al meglio le proprie potenzialità, evitando quindi di snaturarsi. Ognuno di noi è diverso dagli altri, non possiamo essere tutti bravi nelle stesse cose ed è importante capirlo e accettarlo.

Ovviamente non c'è nulla di sbagliato nel cercare di migliorare anche le parti di sé meno sviluppate ma, ancora una volta, tentare di migliorarsi non deve significare rifiutare o annullare le proprie inclinazioni, soprattutto se quest'ultima è la volontà degli altri. Non esiste una personalità migliore delle altre, possiamo solo accettare quello che siamo e, possibilmente, anche apprezzarlo.

Il lettore che, arrivato fin qui, non fosse ancora in grado di stabilire le quattro componenti predominanti della sua personalità, potrebbe aver raggiunto un buon equilibrio e la pendenza dei bracci delle sue bilance potrebbe essere troppo leggera. Questo non è un male, al contrario. L'equilibrio è ciò a cui tutti dovremmo tendere e cercare di avvicinarci. Come già detto, il consiglio in questo caso è di pensare ai propri comportamenti durante l'adolescenza o nella prima età adulta. Inoltre può essere utile chiedere il parere delle persone vicine, che saranno in grado di giudicare in maniera più obiettiva rispetto al diretto interessato.

Una volta stabilito a quali poli la nostra personalità si avvicina maggiormente, basta mettere insieme le 4 lettere per ottenere una delle 16 sigle previste dal sistema, che indicherà il nostro tipo psicologico. Se, per esempio, abbiamo stabilito che i nostri poli sono Introversione (I), Sensazione (S), Pensiero (T) e Percezione (P), allora il nostro tipo è ISTP.

Capitolo 3

Le funzioni cognitive

Abbiamo già tracciato la differenza tra disposizioni – ovvero le due lettere agli estremi di ogni sigla, che indicano il modo in cui ci relazioniamo col mondo esterno – e funzioni – cioè le due lettere centrali, che indicano, nell'ordine, il modo in cui acquisiamo informazioni e il modo in cui prendiamo decisioni. Abbiamo anche detto che ogni essere umano possiede e utilizza *tutte* le disposizioni e *tutte* le funzioni, ma ognuno di noi ha delle preferenze, e sono proprio le nostre preferenze a determinare il nostro tipo psicologico.

Le funzioni attraverso cui acquisiamo dati dalla realtà che ci circonda (Sensazione e Intuizione, S/N) sono dette *percettive*; quelle tramite cui prendiamo le nostre decisioni (Pensiero e Sentimento, T/F) sono dette *giudicanti*.

In realtà, a ogni tipo psicologico corrispondono non due, ma quattro funzioni cognitive, e le due lettere centrali della sua sigla indicano solo quella **dominante** e quella **ausiliaria**, ovvero quelle che stanno, nella "classifica" delle sue preferenze, al primo e al secondo posto. In altre parole, quelle che gli viene più naturale usare, e che quindi usa più spesso e meglio.

Un individuo ha dunque non solo una preferenza tra le due funzioni percettive (per esempio N rispetto a S) e tra le due funzioni giudicanti (per esempio T rispetto a F), ma anche una preferenza tra la sua funzione percettiva preferita e la sua funzione giudicante preferita (per esempio T rispetto a N).

Facciamo un esempio concreto, considerando la sigla ENTJ.

E → Estroversione (disposizione)
N → Intuizione (funzione percettiva)
T → Pensiero (funzione giudicante)
J → Giudizio (disposizione)

Lasciamo da parte le disposizioni – Estroversione e Giudizio – e prendiamo in considerazione solo le funzioni. Siamo subito in grado di dire che il soggetto preferisce usare l'Intuizione rispetto alla Sensazione e il Pensiero rispetto al Sentimento, perché la sua sigla contiene i caratteri N e T. Ma lo stesso soggetto avrà anche una preferenza tra N e T, cioè userà più spesso e in modo più immediato l'Intuizione rispetto al Pensiero o viceversa. Nel caso specifico, la funzione dominante del tipo ENTJ è il Pensiero (vedremo tra poco come fare a determinarlo), quella ausiliaria è l'Intuizione.

Come abbiamo detto, a ogni tipo corrisponde un set di *quattro* funzioni: le ultime due, dette **terziaria** e **inferiore**, non sono altro che i poli opposti delle prime due. Ogni funzione è infatti dicotomica e, come già ripetuto più volte, noi le usiamo tutte, malgrado le nostre preferenze. L'ordine gerarchico delle funzioni si basa su posizioni speculari:

$$A, B \leftrightarrow b, a$$

dove 'a' è l'opposto di 'A' e 'b' l'opposto di B. Quindi troveremo sempre agli estremi le funzioni giudicanti e al centro quelle percettive, oppure viceversa. In nessun caso avremo, per esempio, una funzione giudicante e una percettiva agli estremi.

Ecco che il nostro ENTJ userà – come abbiamo visto – principalmente il Pensiero e subito dopo (in ordine di gradimento e facilità) l'Intuizione, ma anche i loro opposti, ovvero la Sensazione e infine il Sentimento.

T, N, S, F

Funzione dominante: T, Pensiero (giudicante)
Funzione ausiliaria: N, Intuizione (percettiva)
Funzione terziaria: S, Sensazione (percettiva)
Funzione inferiore: F, Sentimento (giudicante)

3.1 La gerarchia delle funzioni

Stabilire l'ordine di preferenza delle funzioni cognitive di ogni tipo può sembrare complicato all'inizio ma, una volta capito il meccanismo, non presenta alcuna difficoltà.

Si parte dalla sigla che contraddistingue un tipo specifico: prendiamo ad esempio un I**NF**P e un E**NF**J. Guardando le sigle sappiamo ormai che le funzioni preferite di entrambi sono di sicuro Intuizione (N) e Sentimento (F). Per capire quale delle due è dominante e quale ausiliaria dobbiamo osservare gli altri due caratteri delle sigle, quelli relativi alle disposizioni (E/I e J/P). Vediamo come.

Ognuna delle quattro funzioni cognitive può essere estroversa oppure introversa (vedremo più avanti che cosa significa), caratteristica che viene indicata con una 'e' o una 'i', per esempio:

Te/Ti → Pensiero estroverso o introverso

Ni/Ne → Intuizione introversa o estroversa

e così via.

Osservando l'ultimo carattere di ogni sigla scopriamo quale, tra le due funzioni preferite, è estroversa: se si tratta di un tipo P la funzione estroversa sarà quella percettiva (cioè Intuizione o Sensazione) e la funzione introversa quella giudicante (cioè Pensiero o Sentimento).

INF**P**
Funzione percettiva: N → Ne, Intuizione estroversa
Funzione giudicante: F → Fi, Sentimento introverso

Se invece si tratta di un tipo J, sarà estroversa la funzione giudicante (Pensiero o Sentimento) e introversa quella percettiva (Intuizione o Sensazione).

ENF**J**
Funzione percettiva: N → Ni, Intuizione introversa
Funzione giudicante: F → Fe, Sentimento estroverso

Adesso sappiamo che, nonostante ENFJ e INFP condividano la stessa preferenza per l'Intuizione rispetto alla Sensazione, uno utilizza l'Intuizione estroversa, l'altro introversa; la stessa cosa riguarda il Sentimento. Abbiamo così scoperto che i due tipi sono tra loro meno simili di quanto potessero sembrare a un primo sguardo.

Tuttavia non sappiamo ancora quale sia la funzione dominante.

Sapendo ormai quale funzione è estroversa e quale introversa, dobbiamo guardare stavolta il primo carattere della sigla: in un tipo estroverso la funzione estroversa è sempre dominante e quella introversa sempre ausiliaria.

ENFJ
Fe, Sentimento *estroverso* → funzione dominante
Ni, Intuizione *introversa* → funzione ausiliaria

In un tipo introverso, al contrario, la funzione introversa è sempre dominante e quella estroversa sempre ausiliaria.

INFP
Ne, Intuizione *estroversa* → funzione ausiliaria
Fi, Sentimento *introverso* → funzione dominante

La funzione terziaria e quella inferiore, come già detto, sono gli opposti delle prime due, e ciò riguarda anche l'attributo estroversione/introversione: se la prima funzione percettiva è estroversa (per esempio Ne, Intuizione estroversa), la funzione percettiva opposta sarà introversa (Si, Sensazione introversa); se la prima funzione giudicante è introversa (per esempio Fi, Sentimento introverso), la funzione giudicante opposta sarà estroversa (Te, Pensiero estroverso).

ENFJ   →   Fe, Ni, Se, Ti
INFP   →   Fi, Ne, Si, Te

Per quanto possa sembrare macchinoso, esercitarsi a leggere e interpretare alcune sigle diverse sarà sufficiente a rendere il meccanismo immediato.

Per comprendere i ruoli delle quattro funzioni per ogni tipo, il modello più semplice e di immediata comprensione è quello dell'automobile, il cosiddetto *car model*. Immaginiamo il nostro cervello come un'automobile con quattro passeggeri a bordo. Il passeggero alla guida è l'adulto più responsabile, che conosce la strada e sa perfettamente quello che fa: corrisponde alla funzione dominante. Il secondo passeggero osserva la strada, i segnali, all'occorrenza può dare indicazioni all'autista leggendo una cartina e, se necessario, è in grado di guidare al posto suo: è la funzione ausiliaria. Il terzo passeggero è un bambino di dieci anni o al massimo un adolescente, non ha ancora la patente e, se anche fosse in grado di guidare, lo farebbe in maniera spericolata e poco responsabile: è la funzione terziaria. Infine, il quarto passeggero è un bambino molto piccolo, di tre o quattro anni, e nessun individuo sano di mente gli lascerebbe guidare l'auto: è la funzione inferiore.

3.2 Le funzioni cognitive in breve

<u>Funzioni percettive</u>
Sensazione estroversa (Se) – È la funzione utilizzata quando si presta attenzione a ciò che viene percepito attraverso i cinque sensi – cioè tatto, gusto, olfatto, vista, udito – nel momento esatto in cui riceviamo lo stimolo. Se ad esempio prestiamo attenzione a un film che stiamo guardando, o a una musica che stiamo ascoltando, stiamo usando la sensazione estroversa.

Sensazione introversa (Si) – È la funzione usata quando *ricordiamo* qualcosa che abbiamo percepito in un momento passato. È introversa perché in questo caso prestiamo attenzione non a un evento in corso o uno stimolo presente, bensì al ricordo che ne abbiamo conservato dentro di noi.

Intuizione estroversa (Ne) – È la capacità di vedere diverse strade, possibilità, sviluppi nel futuro; di individuare schemi e collegamenti tra i dati, gli eventi e le persone.

Intuizione introversa (Ni) – È l'intuizione così come la intendiamo nel linguaggio comune, quasi un'illuminazione improvvisa, che sembra venire dal nulla ma che è in realtà il risultato di un profondo lavoro interiore.

Funzioni giudicanti

Pensiero estroverso (Te) – È la funzione che permette di prendere decisioni basate su dati oggettivi, tangibili e verificabili nella realtà esteriore.

Pensiero introverso (Ti) – È la funzione tramite cui prendiamo decisioni basate su dati, categorie e teorie che abbiamo interiorizzato e che usiamo per analizzare le cose a livello teorico, non tangibile.

Sentimento estroverso (Fe) – Consiste nel prendere decisioni dettate da un sistema di valori basato sul benessere delle persone a livello globale. È la funzione usata da chi preferisce mantenere la pace all'interno dei gruppi sociali piuttosto che il proprio benessere personale.

Sentimento introverso (Fi) – Consiste nel prendere decisioni basate sui propri valori personali e sulle possibili conseguenze che avranno per se stessi e non per gli altri.

3.3 Il loop

Come abbiamo visto negli esempi del paragrafo 3.1,

per ogni tipo psicologico si alternano due funzioni estroverse e due introverse; non esiste un tipo con tre funzioni estroverse o una sola funzione estroversa, così come non esiste un tipo in cui le prime due funzioni siano entrambe estroverse o introverse. Le funzioni si alternano sempre secondo lo stesso equilibrio (e-i-e-i, oppure i-e-i-e).

Esiste tuttavia un fenomeno che, di fatto, inverte le due funzioni centrali, l'ausiliara e la terziaria: ad esempio, tra le funzioni di un ESTP, ovvero Se, Ti, Fe, Ni, l'inversione darebbe luogo a Se, Fe, Ti, Ni. L'equilibrio è così spezzato: troviamo infatti due funzioni estroverse seguite da due introverse. Nel caso di un tipo introverso, invece, avremmo due funzioni introverse seguite da due estroverse. Per esempio un ISTJ (Si, Te, Fi, Ne) si ritroverebbe con Si, Fi, Te, Ne.

Questo fenomeno è detto *loop*.

Il loop non altera il tipo psicologico: l'ESTP e l'ISTJ in questione restano pur sempre un ESTP e un ISTJ, ma per qualche motivo le loro funzioni terziarie si sono sviluppate meglio delle ausiliarie, e vengono quindi utilizzate più spesso. Si tratta però di un'anomalia, di una disfunzione che, in molti casi, viene associata a un vero e proprio disturbo della personalità. Non è questo il luogo in cui analizzare i disturbi della personalità ma, per completezza, ecco quali sono quelli più frequentemente associati a ogni loop:

Ne/Fe o Fe/Ne: Disturbo Narcisistico di Personalità
Ti/Si o Si/Ti: Disturbo Schizotipico di Personalità
Se/Fe o Fe/Se: Disturbo Istrionico di Personalità
Ti/Ni o Ni/Ti: Disturbo Schizoide di Personalità
Se/Te o Te/Se: Disturbo Ossessivo-Compulsivo di Personalità
Fi/Ni o Ni/Fi: Disturbo Paranoide di Personalità

Ne/Te o Te/Ne: Disturbo Borderline di Personalità
Fi/Si o Si/Fi: Disturbo Evitante di Personalità

Dunque, un qualsiasi tipo psicologico con loop non può essere considerato sano. Tuttavia il loop non è una condizione irreversibile: una volta presa coscienza dell'anomalia sarebbe opportuno lavorare sullo sviluppo della funzione ausiliaria naturale, per ristabilire così l'equilibrio della personalità.

Capitolo 4

I temperamenti

Una volta individuate tutte le componenti costitutive dei diversi tipi psicologici e le gerarchie di preferenza delle loro funzioni cognitive, il passo successivo è comprendere che ognuno di questi elementi non costituisce uno scompartimento nettamente separato dagli altri: stiamo parlando di persone e personalità, e nessuna personalità mostra una sola caratteristica alla volta. La personalità di un individuo è costituita dall'interazione tra tutti gli elementi che la compongono, per quanto si possa tentare di studiarli uno per uno.

Ad esempio, si potrebbe pensare che un tipo INTP e un tipo INTJ siano molto simili tra di loro, perché l'unica differenza sta in una sola disposizione. Ma, come abbiamo visto nel capitolo precedente, INTJ ed INTP hanno funzioni cognitive completamente opposte.

INTJ   →   Ni, Te, Fi, Se
INTP   →   Ti, Ne, Si, Fe

Entrambi i tipi usano principalmente il Pensiero e l'Intuizione ma, mentre per il tipo INTJ l'Intuizione è estroversa e il Pensiero estroverso, per l'INTP è esattamente il contrario.

Per capire meglio un tipo psicologico, è utile comprenderne dapprima il temperamento. Ancora una volta, la sigla di ogni tipo ci dà indizi preziosi per ottenere informazioni sulla personalità del tipo in questione. Comprendere qual è il temperamento di un determinato tipo ci permette di farci un'idea generale riguardo al modo in cui si pone nei confronti del mondo e della vita prima di definire nel particolare le sue varie sfaccettature, che sono molto più soggettive e complicate da cogliere. È necessario chiarire che il temperamento *non* è la personalità, e individui con lo stesso temperamento possono avere personalità molto diverse. Tuttavia il temperamento costituisce un importante indizio sulla personalità.

Nella teoria Myers-Briggs i temperamenti sono quattro e dipendono dall'interazione tra le funzioni (S/N e T/F) e la disposizione J/P. Non tengono invece conto della disposizione E/I. Questo significa che anche una persona molto estroversa e una molto introversa possono avere lo stesso temperamento, malgrado i loro caratteri siano estremamente diversi.

Ogni temperamento va considerato come un macrogruppo che comprende al suo interno quattro tipi psicologici. Ecco perché riconoscere il temperamento di una persona può essere molto utile per stabilirne in seguito il tipo psicologico: una volta capito il suo temperamento, infatti, abbiamo ridotto i possibili tipi a quattro e possiamo escludere gli altri dodici. È bene sottolineare, però, che non sempre il temperamento è così facile da riconoscere.

4.1 I Razionali (NT)

Il temperamento dei Razionali è dato dall'interazione tra le funzioni Intuizione (N) e Pensiero (T). Ricordiamo che i tipi N si concentrano sulle possibilità future più che sui dati del presente e del passato, che tendono ad avere una visione globale della realtà e sono invece meno attenti ai dettagli; che i tipi T tendono a prendere decisioni ponderate ascoltando il cervello più che il cuore e a vedere le cose in maniera logica e obiettiva.

Il temperamento di questi tipi predispone perciò al pensiero astratto, a una preferenza per la teoria piuttosto che per la pratica, all'amore per la conoscenza e la ricerca scientifica. I Razionali sono spesso degli intellettuali, fanno ampio uso del ragionamento e della loro intelligenza per risolvere problemi, sono creativi e in grado di vedere soluzioni alternative a quelle convenzionali. Possono risultare snob per via della loro presunta superiorità intellettiva, specie se, da estroversi, amano ostentarla; ma, se introversi, anche incarnare invece il modello del tipico genio svampito e incompreso. Visto il loro amore per la cultura, spesso utilizzano un linguaggio ricco e ricercato, giocano con le parole in maniera sagace, apprezzano i doppi sensi. Possono essere molto interessati alla carriera e, più in generale, all'autorealizzazione e alla crescita personale, e sono di solito i più indipendenti e individualisti.

4.2 Gli Idealisti (NF)

Il temperamento degli Idealisti è dato dall'interazione tra le funzioni Intuizione (N) e Sentimento (F). Come per i Razionali, ricordiamo che i tipi N sono più concentrati sul futuro che sul presente o sul passato, e che hanno una visione globale delle cose; ma, essendo tipi F, prendono decisioni sulla base dei loro valori personali e ascoltano il cuore più che il cervello. Di conseguenza, sono per l'appunto idealisti e sognatori. Hanno una preferenza per gli studi filosofici e psicologici, un interesse spiccato per tutto ciò che trascende la realtà concreta e quotidiana, tendono a cercare il significato più profondo delle cose. Sono spesso molto originali e anticonformisti, soprattutto se P; sono empatici e sensibili e attribuiscono una grande importanza all'armonia nei rapporti interpersonali, amano entrare in contatto profondo con gli altri. Sono di solito degli ottimi comunicatori. Gli introversi possono risultare distratti e svampiti, persi nelle loro fantasie; gli estroversi sono in genere più concreti, presenti e disponibili nei confronti degli altri. Spesso sono artisti molto creativi, e la loro originalità è evidente anche nel modo di fare e di vestire, specie nei tipi P.

4.3 I Guardiani (SJ)

Il temperamento dei Guardiani è dato dall'interazione tra la funzione Sensazione (S) e la disposizione Giudizio (J). Ricordiamo che i tipi S amano i dettagli, la concretezza, restano concentrati sul presente e sul passato più che sul futuro; che i tipi J sono organizzati e metodici, abitudinari, orientati verso un obiettivo specifico e preferiscono seguire schemi prestabiliti piuttosto che sperimentare cose nuove.

È dunque abbastanza immediato immaginare le caratteristiche del temperamento dei Guardiani, in cui simili aspetti si mescolano: questi tipi sono inclini al rispetto delle tradizioni o semplicemente della routine abituale, sono responsabili e hanno uno spiccato senso morale. Sono spesso molto attaccati alla famiglia e tendono a rispettare l'autorità, la legge e, più in generale, le regole. Sono realisti e dotati di buonsenso, molto prudenti in quanto temono il rischio e i cambiamenti. Sono i tipi più convenzionali, non amano stare al centro dell'attenzione e di conseguenza non fanno nulla per attirarla. Comunicano in modo chiaro e diretto, vanno dritto al punto e tendono a citare fatti concreti piuttosto che ipotesi e teorie. Possono essere percepiti come rigidi, anche nell'espressione e nella postura.

4.4 Gli Artigiani (SP)

Il temperamento degli Artigiani è dato dall'interazione tra la funzione Sensazione (S) e la disposizione Percezione (P). Come per i Guardiani, S li rende concreti e amanti dei dettagli, attenti al "qui e ora", realistici e pratici; P invece fa sì che amino sperimentare, tenere aperte tutte le possibilità e seguire quindi strade sempre nuove. Gli Artigiani sono i tipi che, tra tutti, amano maggiormente sperimentare sensazioni e piaceri fisici, il che può renderli avventati e spericolati, amanti del rischio, a volte promiscui, inclini all'edonismo e non a impegnarsi o prendere decisioni definitive. La libertà è per loro la cosa più importante, non sopportano i limiti e i piani prestabiliti. Hanno difficoltà ad adeguarsi alle regole e a rispettare l'autorità. Sono in genere i tipi più allegri e spensierati, amano osare, non si formalizzano e anche il loro linguaggio è solitamente semplice e diretto. Possono essere portati per gli sport e tutte le attività che permettono loro di esprimersi tramite il corpo, e spesso sono attratti da quelle estreme o competitive.

Capitolo 5

Le 16 personalità

Prima di procedere con le descrizioni delle sedici personalità previste dall'MBTI, vale la pena di precisare che tali descrizioni, come anche quelle dei temperamenti appena trattati, restano comunque solo indicative. Come già detto più volte nei capitoli precedenti, non si può fare di tutta l'erba un fascio: ogni singola persona è unica e ha particolarità che non possono essere riassunte in una sigla di quattro lettere né – nel caso dei temperamenti – nella descrizione generica di determinate inclinazioni. Capire il tipo di un individuo può senz'altro aiutarci a farci un'idea: come un libretto delle istruzioni, ci indica in che modo funziona quell'individuo; come la trama di un libro o di un film, ci anticipa a che cosa andiamo incontro. Ma un libretto delle istruzioni non è l'oggetto di cui spiega il funzionamento, e la trama di un libro o di un film non è quel libro o quel film. Allo stesso modo, conoscere il tipo psicologico di una persona è ben diverso dal conoscere quella persona.

Per questi motivi, comprendere le componenti costitutive della nostra personalità è più importante che leggerne una descrizione sommaria. Arrivato a questo punto, il lettore dovrebbe già aver capito qual è il suo tipo psicologico, o almeno avere un'idea di quali tipi potrebbero corrispondergli; è consigliabile dunque

leggere per prime le descrizioni di quei tipi per avere
ulteriori conferme, e solo dopo leggere tutte le altre.

5.1 Razionali

INTJ: Introvert, Intuitive, Thinker, Judger

Ormai sappiamo che la funzione dominante di questo
tipo è Ni (Intuizione introversa), l'ausiliaria Te (Pensiero
estroverso), la terziaria Fi (Sentimento introverso) e
l'inferiore Se (Sensazione estroversa).

Gli INTJ sono tra i tipi più intellettuali e curiosi.
L'Intuizione introversa dominante ne fa dei tipi molto
intuitivi e immaginativi e permette loro di cogliere
immediatamente cose che altri riuscirebbero a vedere
solo dopo attente analisi. Le loro intuizioni improvvise
sono in realtà il frutto di un profondo lavoro interiore
inconscio, sostenuto dai dati raccolti dalla funzione
inferiore (appunto inconscia), la Sensazione estroversa.
Grazie al Pensiero estroverso secondario, inoltre, le
intuizioni vengono elaborate in maniera razionale,
critica e concreta, e in più il Pensiero permette di
scomporre i problemi per analizzarne singole parti; è in
questo senso complementare all'Intuizione, che invece
porterebbe gli INTJ (come tutti gli intuitivi) a
focalizzarsi maggiormente sulla visione globale delle
cose. Per questo motivo sono spesso degli innovatori,
perché riescono a osservare la realtà con occhio critico e
intelligente e a sviluppare soluzioni geniali per
migliorare pressoché qualsiasi cosa.

L'autorità non ha nessun appiglio su di loro; sono fin
troppo bravi a pensare da soli, perciò, a prescindere da
chi abbia detto o scritto qualcosa, non la prendono per

oro colato a meno che non siano razionalmente d'accordo. Tuttavia tendono a rispettare le regole, almeno nel caso in cui le ritengano utili.

In genere sono anche costanti, se non addirittura testardi, e tendono a portare a termine i progetti che intraprendono, purché questi costituiscano sfide stimolanti all'altezza della loro intelligenza e siano sufficientemente concreti. Oltre che intelligenti, sono spesso anche molto colti e informati.

Possono prestare poca attenzione ai particolari fisici dell'ambiente che li circonda, perché assorbiti dal loro mondo interiore, che è appunto ricco di pensieri e progetti stimolanti; possono quindi risultare molto distratti a un occhio esterno. Dato che la Sensazione estroversa è la loro funzione inferiore, e quindi la meno sviluppata, di solito non sono portati per sport e attività fisiche, e non di rado sono troppo magri o, al contrario, sovrappeso, perché mangiano in maniera disordinata. Se fanno sport, tendono a scegliere quelli solitari e che non richiedono particolari capacità di coordinazione, come la corsa. Preferiscono attività intellettualmente stimolanti che permettano di usare le loro capacità logiche e strategiche, per esempio gli scacchi.

Possono avere difficoltà a rendere chiari i loro pensieri a tipi con una mentalità diversa dalla loro; grazie all'Intuizione, è frequente che lo facciano tramite metafore ed esempi capaci di rendere più concreti e tangibili dei concetti di per sé astratti. Inoltre hanno spesso un linguaggio molto ricco e forbito. Da parte loro, considerato il Sentimento introverso, tendono a ignorare i punti di vista altrui e ad essere molto critici nei confronti delle persone con cui hanno a che fare (e di se stessi), anche in maniera brusca. Quando e se consultano gli altri, quello che cercano è più che altro una conferma delle loro stesse idee.

Poiché il Sentimento è introverso, è difficile per gli altri comprendere le emozioni degli INTJ. Di solito sono riservati e tengono molto alla loro privacy, non si lasciano conoscere facilmente. Per questi motivi possono risultare freddi, snob e presuntuosi. In genere preferiscono lavorare per conto proprio o con poche altre persone che godono della loro stima, e di rado si complimentano con gli altri, anche se sul lavoro risultano spesso più tolleranti e meno critici che nelle relazioni più intime: sono infatti dei razionali, e concentrarsi sugli errori in un ambiente lavorativo non sarebbe funzionale al raggiungimento dell'obiettivo; le relazioni sociali, invece, li mettono in difficoltà perché non si basano su una logica così razionale. Inoltre, nonostante le apparenze, gli INTJ possono essere ipersensibili al rifiuto e perfino ingenui nelle relazioni, e avere aspettative molto alte che difficilmente vengono soddisfatte, dando così luogo alla delusione e, di conseguenza, a comportamenti difensivi.

Il loro perfezionismo può toccare anche la sfera morale, cosa che rinforza il loro rigore, il senso del dovere, la responsabilità, la perseveranza e la lealtà. Questo tipo di comportamento può svilupparsi come strategia di difesa nei confronti della Sensazione estroversa, la funzione inferiore che inconsciamente può spingere l'INTJ alla dissolutezza, facendolo sentire fuori controllo. A causa della Se inferiore, questo tipo ha un rapporto di amore/odio con la realtà materiale.

ENTJ: Extrovert, Intuitive, Thinker, Judger

La funzione dominante di questo tipo è Te (Pensiero estroverso), l'ausiliaria Ni (Intuizione introversa), la terziaria Se (Sensazione estroversa) e l'inferiore Fi (Sentimento introverso).

I tipi ENTJ sono molto diretti, carismatici e naturalmente inclini alla leadership. Hanno una personalità dominante, perciò non apprezzano le persone indecise o lente che intralciano così i loro progetti. Di conseguenza, possono avere un modo di fare dispotico nei confronti di chiunque possa mettere loro i bastoni tra le ruote. Possono apparire perciò insensibili e prepotenti e, come tutti gli altri Razionali (NT), possono mancare di empatia. Non fanno nulla per evitare il conflitto e, anzi, lo accolgono con combattività.

Grazie al Pensiero estroverso (Te) dominante, tendono a mettere la carriera al primo posto nella lista delle priorità, che vede quindi anche gli affetti su un gradino più basso. Spesso assumono ruoli di comando e responsabilità. Sanno essere di supporto, sono abili oratori, bravi a motivare gli altri e a trasmettere entusiasmo e sicurezza, sono risoluti e non si lasciano scoraggiare facilmente; possono tendere però a ignorare i sentimenti propri e altrui. Il Sentimento introverso (Fi) è infatti la funzione inferiore, che quindi gli ENTJ non sono in grado di gestire con sicurezza. Amano stare al centro dell'attenzione e fanno ampio uso del senso dell'umorismo, compensando in questo modo la carenza di empatia e, allo stesso tempo, rischiando a volte di ferire gli altri. Spesso pensano ad alta voce e, durante un dialogo, tendono a interrompere gli altri esprimendo opinioni non richieste, perché ritengono i propri contributi più rilevanti e intelligenti rispetto a quelli altrui.

Come gli INTJ, anche gli ENTJ possono apprezzare le scienze e la tecnologia per via del Pensiero estroverso, e l'Intuizione introversa permette loro di cogliere il potenziale di ogni nuova idea e soluzione; sono infatti orientati al cambiamento e si stancano facilmente delle situazioni banali o statiche. Essendo estroversi, però, tendono a coinvolgere anche gli altri nei loro progetti e a coordinare missioni strategiche volte al raggiungimento dei loro obiettivi. Per assecondare l'Intuizione introversa, tendono a ritagliarsi dei momenti per sé, cosa di cui altri tipi estroversi non hanno bisogno, e a riflettere sul proprio operato, spesso criticandosi severamente. Grazie al Pensiero estroverso risolvono facilmente problemi logici in maniera razionale e obiettiva; da bravi intuitivi, colgono i problemi nella loro globalità e ne hanno una visione completa, il che permette loro di elaborare i progetti più funzionali alla risoluzione degli stessi

La Sensazione estroversa (Se), funzione terziaria, richiede stimoli sensoriali sempre nuovi; gli ENTJ tendono infatti a circondarsi di oggetti nuovi e belli, ad amare il lusso e la ricchezza, e hanno spesso gusti raffinati. Anche per questo possono essere giudicati snob. In ogni caso, questo genere di piaceri tangibili non è in cima alla loro lista delle priorità, che vede sempre il lavoro, l'azione e il raggiungimento degli obiettivi come valori principali.

Nonostante tutto, il Sentimento introverso – seppur inferiore – ha un peso nelle decisioni degli ENTJ, ed essendo inconscio e non controllabile, può spingerli a prendere decisioni avventate. Altrettanto inconsciamente, l'ENTJ desidera come tutti l'affetto e l'attenzione altrui; la lotta tra l'indipendenza (Te) e il bisogno degli altri (Fi) è frequente, e tuttavia quasi invisibile dall'esterno, poiché è il Pensiero estroverso – e quindi l'autocontrollo – a dominare, facendo apparire l'ENTJ quasi privo di emozioni.

INTP: Introvert, Intuitive, Thinker, Perceiver

La funzione dominante di questo tipo è Ti (Pensiero

introverso), l'ausiliaria Ne (Intuizione estroversa), la terziaria Si (Sensazione introversa) e l'inferiore Fe (Sentimento estroverso).

Gli INTP ritengono di giudicare meglio di chiunque altro la verità, e di conseguenza tendono a indagare personalmente piuttosto che ad affidarsi ai pareri di altri, per quanto autorevoli possano essere. A causa di questo atteggiamento, possono essere percepiti come arroganti e dare l'impressione di sottovalutare gli altri e ritenerli meno intelligenti.

Grazie all'Intuizione estroversa (Ne), gli INTP sono abili nel cogliere schemi e collegamenti tra le cose, e lo fanno spesso "in grande": sono tra i tipi più intellettuali e sembra quasi che per loro la realtà quotidiana sia troppo banale rispetto ai disegni universali. Tra i loro interessi figurano spesso filosofia, scienze, religione, psicologia e in generale i grandi misteri della vita.

Possono apparire strambi e originali, apprezzano la conversazione e il confronto quando si tratta di argomenti per loro stimolanti, mentre potrebbero evitarli in modo categorico se non interessati: anche quando parlano con le persone sono più interessati a conoscerne le idee, i pensieri e le inclinazioni che non i dettagli della vita quotidiana, e anche la normale conversazione diventa per loro occasione di studio della natura umana. In realtà, come gli altri Razionali, anche gli INTP possono mancare di empatia, perciò le conclusioni a cui giungono possono essere del tutto sbagliate.

I loro pensieri sono talmente ricchi e complessi che spesso possono avere difficoltà a renderli chiari e lineari agli altri. Per questo motivo molti INTP si interessano di scrittura, mezzo che permette loro di esprimere il proprio mondo interiore in maniera più precisa.

La collaborazione tra Pensiero introverso e Intuizione estroversa permette all'INTP di esplorare tutte le strade percorribili (Ne) e scandagliarle partendo da premesse date per vere ma perennemente analizzate e, all'occorrenza, rivalutate (Ti). Questo succede su larga e su piccola scala, dai disegni universali fino alle singole frasi: anche mentre ascoltano qualcuno parlare, gli INTP pensano costantemente a come il discorso sarebbe stato diverso se l'altro avesse detto quella frase in un altro modo, o avesse usato un'altra parola e così via.

Se da una parte Ne permette loro di individuare tutte queste possibilità, dall'altra in un certo senso intralcia la loro ricerca della verità, proprio perché continua a proporre ulteriori possibilità, generando così una ricerca senza fine. Gli INTP si annoiano facilmente e tendono a passare da un'attività all'altra, lasciando incompiuta quella precedente una volta che hanno afferrato come funziona e quindi non hanno più nulla da scoprire; proprio per questo si interessano a ciò che non può essere capito in maniera completa e definitiva.

Il Pensiero introverso è anche capace di individuare qualunque piccolo difetto in ogni teoria, smontandola. L'INTP tende per questo a guardare tutto con scetticismo e mettere in discussione tutto ciò che non ha una logica impeccabile e coerente, in particolare la società e le istituzioni. Questo atteggiamento può risultare particolarmente ed esclusivamente distruttivo nel caso in cui l'INTP si limiti appunto a smontare senza costruire in alternativa nulla di positivo.

Il mondo interiore degli INTP è talmente complesso e stimolante che spesso li distrae da quello esteriore, perciò non è raro che appaiano assenti e distaccati, almeno finché non incappano in qualcosa di illogico: in quel caso non possono fare a meno di intervenire per fare chiarezza. Subito dopo, in gran parte dei casi, tornano a rifugiarsi tra i propri pensieri. Inoltre, sono di solito poco interessati alle cose concrete come l'abbigliamento, il denaro, le attività fisiche.

Nei confronti degli altri, gli INTP sono molto aperti e tolleranti, a volte timidi con persone nuove o che hanno interessi e argomenti di conversazione non interessanti dal loro punto di vista; una volta rotto il ghiaccio, al contrario, amano la dialettica e il confronto tra posizioni differenti. Sono anche estremamente indipendenti e autonomi. Spesso hanno uno spiccato senso dell'umorismo, che però non sempre è compreso dagli altri e può addirittura sembrare cinico e brusco.

Hanno un rapporto difficile con le proprie emozioni, perché queste sfuggono al loro controllo e non possono essere considerate affidabili, in quanto irrazionali. Difficilmente le mostrano o le capiscono. Il Sentimento estroverso (Fe) inferiore è soddisfatto quasi esclusivamente in presenza di altri INTP con interessi comuni, con cui il soggetto può condividere le verità di cui è convinto ricevendo conferme e sentendosi pienamente compreso. In altre parole gli INTP sono molto indipendenti ma, allo stesso tempo, sono felici quando sono circondati da persone "come loro" e altrettanto indipendenti.

Nonostante l'apparente freddezza, comunque, Fe fa sì che si preoccupino di non ferire i sentimenti altrui e di evitare i conflitti, anche se facilmente possono fallire per via della scarsa empatia. Inoltre hanno bisogno di sentirsi apprezzati, perciò possono mostrarsi altruisti col preciso intento (inconscio) di ottenere riconoscimento. Pensiero e Sentimento sono costantemente in lotta: da una parte il bisogno inconscio degli altri, dall'altra una forte indipendenza che può spingere fino al rifiuto dei rapporti sociali convenzionali.

ENTP: Extrovert, Intuitive, Thinker, Perceiver

La funzione dominante di questo tipo è Ne (Intuizione estroversa), l'ausiliaria Ti (Pensiero introverso), la terziaria Fe (Sentimento estroverso) e l'inferiore Si (Sensazione introversa).

Avendo l'Intuizione estroversa dominante, gli ENTP sono instancabili ricercatori di nuove informazioni, e si annoiano facilmente di quelle più datate. Hanno bisogno di stimoli sempre nuovi e sono estremamente curiosi. Questa ricerca è così costante e insaziabile da renderli spesso ansiosi, iperattivi, insonni. Sono statisticamente i tipi più soggetti al disturbo da deficit dell'attenzione. Inoltre sono estroversi, perciò amano condividere con gli altri tutte le loro infinite idee. Anche quando parlano tirano fuori un'idea dopo l'altra, in maniera che può risultare sconclusionata; in realtà, l'ENTP sta solo considerando, come suo solito, tutte le possibilità allo stesso tempo. Amano i giochi di parole e si interessano ai pettegolezzi, come a qualsiasi storia interessante. La varietà e la sperimentazione, per gli ENTP, sono decisamente valori più importanti rispetto alla stabilità.

Tutte le informazioni raccolte tramite l'Intuizione vengono poi elaborate in teorie personali (Ti) spesso non convenzionali, perciò gli ENTP sono in genere più anticonformisti rispetto ad altri tipi estroversi. Più che essere orientati verso obiettivi specifici, cercano perlopiù di sconfiggere la noia, e hanno perciò interessi e hobby molto diversi e vari, come gli INTP. A differenza di questi ultimi, però, sono estroversi e quindi amano il contatto e il confronto con gli altri, non evitano ma anzi cercano le relazioni interpersonali. Sono bravissimi a motivare e incoraggiare gli altri, magari nei confronti di progetti che loro stessi, invece, abbandoneranno non appena l'entusiasmo sarà scemato e/o trasferito su qualcos'altro. Anche loro sono tuttavia più interessati ai pensieri e alle opinioni delle persone che non ai dettagli della loro quotidianità.

Essendo introversa, la loro parte logica e razionale non viene facilmente notata. Tuttavia il Pensiero introverso secondario rende gli ENTP molto razionali e indipendenti, capaci di individuare con facilità le falle logiche di ogni cosa e quindi di smontare qualsiasi teoria non sostenuta da basi più che solide. Come al solito, il campo irrazionale per eccellenza è quello delle relazioni interpersonali: anche gli ENTP, come gli altri Razionali, hanno difficoltà a comprendere i sentimenti altrui e gli aspetti emotivi dei rapporti tra le persone, perciò possono risultare privi di tatto e di empatia, sarcastici e cinici. Hanno però anche un gran bisogno di piacere agli altri, perciò possono tendere a tenere per sé certe opinioni per non risultare sgraditi, soprattutto alle persone importanti per loro. Solo con lo sviluppo della funzione terziaria, il Sentimento estroverso (Fe), l'ENTP impara a gestire i rapporti in modo più armonioso e a prestare attenzione all'impatto emotivo che i suoi comportamenti e le sue parole possono avere sugli altri.

Tendono a procrastinare i doveri, perché il loro entusiasmo viene a mancare quando devono occuparsi di qualcosa che non desta il loro interesse. Questo può riguardare anche il lavoro, specie se dipendente, e la burocrazia in generale. Sono spesso buoni oratori e scrittori, possono essere abili come editori, giornalisti o insegnanti, anche se il sistema scolastico può andar loro molto stretto.

La funzione inferiore, la Sensazione introversa, è in contrasto con l'Intuizione estroversa, ed è causa di conflitti: l'ENTP è costantemente e consapevolmente interessato alle possibilità e alle novità ma, allo stesso tempo – a livello inconscio – attratto dalle tradizioni e legato sentimentalmente a certi valori che però ostacolerebbero la sua libertà di sperimentare. Da una parte vorrebbero una certa stabilità, il matrimonio, una famiglia; dall'altra, tutto questo li farebbe sentire in gabbia e tarperebbe loro le ali, limiterebbe la loro libertà e creatività. In ogni caso, poiché si tratta di realtà del tutto contrapposte, l'ENTP si trova costretto a rinunciare ad alcuni dei suoi desideri.

Come gli altri Razionali, hanno scarso interesse per i dettagli concreti della vita quotidiana, spesso sono poco puntuali e poco attenti alle loro stesse necessità fisiologiche, possono mangiare in modo disordinato o dimenticare del tutto di farlo e di solito non sono interessati alle attività sportive; nel caso in cui facciano sport, l'obiettivo è più che altro quello sociale di incontrare nuove persone o condividere un'attività con gli altri. In alcuni casi, quando l'ENTP si rende conto di questi suoi limiti, può tentare di compensarli diventando ossessivo, comportamento che tuttavia resta di solito circoscritto a un periodo di tempo più o meno breve.

5.2 Idealisti

INFJ: Introvert, Intuitive, Feeler, Judger

La funzione dominante di questo tipo è Ni (Intuizione introversa), l'ausiliaria Fe (Sentimento estroverso), la terziaria Ti (Pensiero introverso) e l'inferiore Se (Sensazione estroversa).

Gli INFJ sono molto eclettici e versatili. Spesso si sentono incompresi e ignorati, sentimento che in alcuni casi può diventare patologico. È frequente che sin da piccoli siano più saggi e responsabili dei loro coetanei. Si affidano ciecamente al loro intuito, quasi come a un potere soprannaturale. Sono incredibilmente percettivi e alcuni riferiscono di avere visioni addirittura profetiche. Altri sperimentano la sensazione di vedersi dall'esterno, come dissociandosi dal proprio corpo. Anche per questo possono sentirsi alieni rispetto al mondo convenzionale.

È molto difficile che gli INFJ si facciano ingannare perché, grazie all'Intuizione introversa così sviluppata (dominante), vedono oltre le apparenze e colgono le intenzioni altrui con una certa precisione. Difficilmente si lasciano convincere dalla opinioni largamente condivise, riponendo molta più fiducia nelle proprie intuizioni.

Nonostante siano *feelers*, gli INFJ sono spesso anche degli intellettuali, curiosi, assetati di sapere e molto aperti mentalmente. In più, i loro interessi possono essere più vari rispetto a quelli dei Razionali, spaziando dalle scienze all'arte e alla letteratura di ogni genere. Anche nella costruzione della loro conoscenza, si affidano più all'intuito che al pensiero e alle teorie: non è da fonti esterne che possono apprendere la verità. La loro mente è molto visiva e ragionano per immagini. Il loro modo di pensare è perlopiù inconscio, la risposta finale sembra provenire dal nulla (Ni).

Sono classicisti e amano le cose antiche, che percepiscono come più pure rispetto a quelle moderne. Molti collezionano libri antichi e oggetti di antiquariato.

Pur essendo introversi, sono anche socievoli e amano passare il tempo con gli altri, soprattutto avere conversazioni significative. Dato il Sentimento estroverso (Fe) secondario, sono molto attenti ai bisogni degli altri e si impegnano per mantenere armoniose le situazioni sociali. Molti si occupano di questioni umanitarie o sociali. Tendono a sacrificare i propri bisogni e le proprie idee in favore di quelli altrui, pur di mantenere l'armonia, e sono molto empatici. Al contrario, hanno più difficoltà a capire le proprie emozioni, dato che il Sentimento è rivolto verso l'esterno, e quando sono turbati sentono forte il bisogno del supporto degli altri. Anche le stesse intuizioni possono essere sensazioni vaghe e non del tutto chiare finché non vengono espresse tramite Fe. Quando vogliono realizzare un progetto a cui tengono molto, in linea con i loro valori, possono però diventare meno accomodanti nei confronti degli altri, se questi cercano di ostacolarli.

Spesso hanno un notevole senso dell'umorismo e sono bravi intrattenitori. Possono essere molto intensi e melodrammatici nel modo di comunicare, fino a scadere nel vittimismo. Quando sono angosciati, riescono a sentirsi meglio solo dopo aver espresso i loro sentimenti. Con lo sviluppo del Pensiero introverso (Ti) – in genere dopo la gioventù – diventano più logici e razionali, a volte arrivando a dubitare di sé stessi e delle convinzioni elaborate tramite Intuizione.

La funzione inferiore, la Sensazione estroversa (Se), permette agli INFJ di tradurre l'intuizione in azione; tuttavia Se è inconscia, perciò possono avere serie difficoltà a spostare le loro visioni ideali verso la concretezza della realtà, anche perché non sono disposti a scendere a compromessi: l'ideale generato da Ni non può essere ridimensionato per adeguarsi alla realtà. Non esistono successi parziali. Da questo punto di vista, gli INFJ sono molto severi con se stessi: se non sentono di corrispondere alla perfezione dei loro ideali possono deprimersi.

In generale, per via della Sensazione estroversa, hanno un rapporto ambiguo con le cose materiali: da una parte apprezzano tutto ciò che è bello e desiderabile, dall'altra sono costantemente chiamati da ciò che è più alto e più grande, e sono molto critici nei confronti del materialismo. Nei momenti di debolezza, la funzione inferiore, inconscia, può spingerli verso piaceri materiali anche estremi, come l'uso di droghe o la promiscuità sessuale.

ENFJ: Extrovert, Intuitive, Feeler, Judger

La funzione dominante di questo tipo è Fe (Sentimento estroverso), l'ausiliaria Ni (Intuizione introversa), la terziaria Se (Sensazione estroversa) e l'inferiore Ti (Pensiero introverso).

Gli ENFJ sono molto socievoli ed empatici, bravi e veloci a stringere rapporti con gli altri e dotati di una grande intelligenza sociale, grazie al Sentimento estroverso (Fe) dominante. Esprimono con facilità sentimenti e opinioni, a volte senza stare troppo a pensarci e, quindi, rischiano di risultare fin troppo diretti. Sono in grado di decifrare le espressioni altrui, di capirne le emozioni e assorbirle, sentendole come proprie. Gli ENFJ scelgono infatti spesso lavori nel campo dell'educazione, la psicologia o le pubbliche relazioni. Il rapporto con gli altri è importantissimo per gli ENFJ sin dalla loro infanzia; ogni nuova conoscenza ha un grosso peso nella loro esperienza, e l'ambiente sociale in cui vivono è determinante per la loro autostima. Sono anche ottimi motivatori, capiscono istintivamente i problemi degli altri e sono pronti a incoraggiarli e offrire consigli e supporto emotivo.

Per via della funzione inferiore, il Pensiero introverso (Ti), gli ENFJ sentono inconsciamente un forte desiderio di indipendenza e autocontrollo. Possono anche mostrarsi molto consapevoli di se stessi, logici e razionali, interessarsi alle scienze, anche se di solito prediligono la fiction o la storia. Se l'influenza esercitata da Ti è molto forte, possono addirittura considerarsi introversi. Il Pensiero introverso però si contrappone a Fe: in realtà gli ENFJ sono molto più bravi a controllare e guidare gli altri che non se stessi, influenzandoli in maniera efficace e mai meschina. Infatti il Sentimento estroverso li indirizza verso un reale contatto con le necessità altrui: vogliono davvero essere d'aiuto, non solo utilizzare gli altri per raggiungere i loro scopi. Al contrario, possono arrivare a mettere in secondo piano i propri bisogni pur di soddisfare quelli altrui. Spesso sembrano amichevoli e allegri anche quando sono di cattivo umore. Evitano le critiche per non turbare l'armonia e, avendo Ti inferiore, hanno difficoltà ad analizzare i fatti in modo obiettivo. Perfino la loro logica ha bisogno del supporto altrui: gli ENFJ possono pensare di essere nel giusto e avere ragione solo se riescono a convincere gli altri. Anche in questo caso, perciò, è in realtà soprattutto il Sentimento che stanno usando, non il Pensiero.

Con gli amici intimi gli ENFJ sono più propensi a condividere i loro sentimenti negativi, spesso anche in modo drammatico, teatrale e tuttavia razionale e accurato. Sono in grado di descrivere con chiarezza le emozioni che provano, nonostante abbiano il Sentimento estroverso e quindi percepiscano più facilmente le emozioni altrui.

Per "guardarsi dentro" gli ENFJ usano l'Intuizione introversa (Ni), perciò è difficile che cerchino il supporto degli altri quando sono in difficoltà. In ogni caso, come gli INFJ e tutti i tipi FJ, si sentono meglio dopo aver espresso i propri sentimenti; considerato che spesso la società scoraggia la manifestazione esplicita delle emozioni, questi tipi possono sentirsi incompresi, soprattutto da bambini.

Nonostante l'Intuizione introversa sia ausiliaria, e quindi scavalcata da Fe, anche gli ENFJ come gli INFJ hanno molta fiducia nel proprio sesto senso. Le intuizioni si manifestano spesso dopo le azioni, in quanto gli ENFJ tendono prima ad agire e poi a pensare. L'interazione tra Ni e Se, inoltre, costituisce un sistema percettivo molto efficace nel cogliere informazioni nascoste o non dette, e contribuisce perciò alla forte empatia che caratterizza gli ENFJ. Il fatto che Ni sia ausiliaria li rende "meno estroversi" degli altri tipi E, perché crea il bisogno di avere del tempo per se stessi. Durante queste pause riflettono sulle loro azioni e tendono ad analizzarsi e criticarsi duramente, ad avere pensieri molto negativi.

La Sensazione estroversa (Se), funzione terziaria, è orientata al presente, a tutte le informazioni che vengono percepite qui e ora attraverso i cinque sensi, e richiede stimoli sempre nuovi. Per gli ENFJ è infatti molto importante la cura estetica, la bellezza, possono essere molto esigenti e avere gusti raffinati, al punto da risultare altezzosi.

INFP: Introvert, Intuitive, Feeler, Perceiver

La funzione dominante di questo tipo è Fi (Sentimento introverso), l'ausiliaria Ne (Intuizione estroversa), la terziaria Si (Sensazione introversa) e l'inferiore Te (Pensiero estroverso).

Gli INFP sono sensibili, fantasiosi ed eccentrici, e hanno un forte senso morale. Spesso si interessano a questioni umanitarie, volontariato, scienze sociali, ma anche all'arte. Possono avere la tendenza a credersi speciali e unici, diversi dagli altri e, allo stesso tempo, sono i più inclini a credere nell'uguaglianza. Vogliono sentirsi utili e aiutare gli altri, ma tengono molto alla loro individualità. Al fine di esprimere la loro presunta unicità, spesso assumono un aspetto eccentrico attraverso l'abbigliamento, il taglio di capelli, gli accessori, piercing e tatuaggi, che possono essere vistosi oppure, al contrario, trasandati e incuranti delle mode.

Caricano ogni esperienza di intensità emotiva e cercano grandi emozioni, anche in modo inconscio, su vari livelli: dai film strappalacrime all'uso di sostanze stupefacenti. Spesso loro stessi, sull'onda delle emozioni, compongono poesie, musica, dipinti, per esprimere il loro stato emotivo. Poiché hanno il Sentimento introverso ed esprimono, invece, i loro giudizi tramite il Pensiero estroverso – ovvero la funzione inferiore –, dall'esterno possono non sembrare affatto emotivi, e perfino apparire freddi. Possono tuttavia cambiare umore molto facilmente e in apparenza senza ragione.

Grazie alla funzione ausiliaria, l'Intuizione estroversa (Ne), in alcuni momenti gli INFP possono essere particolarmente chiacchieroni e divertenti, tanto da sembrare estroversi. Sono molto orientati verso le persone, la natura, l'espressione delle emozioni. Sono attenti al non detto, abili nel cogliere le discrepanze tra ciò che le persone dicono e quello che pensano o provano. Per questo sanno istintivamente chi è degno di fiducia e chi no, e sono sensibili alla mancanza di autenticità. Si adattano a qualsiasi situazione, almeno finché i loro valori non vengono calpestati; in quel caso possono diventare severi e mostrare parti di sé che di norma restano nascoste. Tendono a prendere le cose sul personale e si lasciano ferire facilmente, e spesso non hanno il coraggio di dire le cose come stanno, perciò si tengono tutto dentro e possono covare rancore. Si esprimono più di frequente con le azioni che con le parole, e possono assumere atteggiamenti passivo-aggressivi.

Hanno un profondo interesse per le persone e vogliono capirle a fondo, perciò tendono a porre domande che spingono oltre la superficie delle cose. Il loro interesse autentico viene percepito dagli altri, che perciò spesso non hanno difficoltà a lasciarsi andare in loro compagnia.

Molti INFP danno importanza alla religione e alla spiritualità. Sono in genere interessati a tecniche e filosofie che promuovono l'equilibrio e la pace interiore, e possono scegliere di farne un lavoro: spesso si occupano di medicina alternativa, meditazione, psicologia, ecologia, e hanno notevoli doti artistiche.

Il Sentimento introverso (Fi), a differenza di quello estroverso, è individualizzato: non è orientato tanto verso l'armonia collettiva quanto verso l'individuo stesso. Gli INFP a volte percepiscono i sentimenti collettivi come inautentici, condivisi solo al fine di evitare contrasti. In alcuni casi, pur di difendere l'autenticità dei propri sentimenti, possono assumere il ruolo di vittima schierandosi contro gli altri, che non li capiscono. Anche per questo la creazione artistica è molto importante per gli INFP, perché permette loro di esprimere le proprie emozioni in modo sincero e libero.

Gli INFP percepiscono e si esprimono soprattutto tramite Intuizione estroversa, perciò passano velocemente da un'idea all'altra, in apparenza senza un filo logico. Le loro percezioni vanno oltre i sensi, vengono catalogate tramite collegamenti, possibilità. Molti INFP si interessano alla lettura e alla ricerca, amano l'introspezione e l'esplorazione, andare all'avventura, scoprire cose nuove per caso, senza porsi un obiettivo preciso, e hanno una mentalità molto aperta. Sono i più inclini ad abbracciare stili di vita e prendere decisioni non convenzionali, come diventare vegani, vivere in una comune o senza una fissa dimora.

La Sensazione introversa (Si), al contrario, crea attaccamento alle tradizioni e alle convenzioni, ma negli INFP è in posizione terziaria, perciò questo attaccamento non è forte come per i Guardiani (SJ). Gli INFP non prestano particolare attenzione ai dettagli fisici della realtà circostante, tuttavia Si permette loro di ricordare con chiarezza il passato e di non ripetere gli errori commessi, dando così una direzione a Ne, che altrimenti sarebbe senza controllo. Inoltre aiuta a percepire le sensazioni corporee interiori, perciò è utile in quelle attività che spesso coinvolgono gli INFP, come lo yoga o la meditazione.

Anche la funzione inferiore, il Pensiero estroverso, è orientato verso l'ordine e la routine, ma negli INFP è inconscio. A tratti, infatti, questi possono diventare imprevedibilmente rigidi, specie quando i loro valori non sono rispettati. Poiché Te è il loro lato oscuro, gli INFP possono avere rapporti ambigui con i tipi xSTJ, perché da una parte non sopportano la loro rigidità (la stessa che rifiutano in sé stessi e che pure hanno), dall'altra li ammirano in quanto indipendenti, capaci di porsi degli obiettivi precisi e di raggiungerli.

ENFP: Extrovert, Intuitive, Feeler, Perceiver

La funzione dominante di questo tipo è Ne (Intuizione estroversa), l'ausiliaria Fi (Sentimento introverso), la terziaria Te (Pensiero estroverso) e l'inferiore Si (Sensazione introversa).

Gli ENFP sono idealisti entusiasti, aperti ed empatici, e soprattutto molto versatili. Amano l'azione in quanto estroversi, ma anche la riflessione in quanto intuitivi; sono i più introversi tra i tipi estroversi. Poiché hanno l'Intuizione estroversa dominante, amano le novità e le ricercano attivamente. Non prendono mai la vita troppo sul serio e temono la noia, al punto da rinunciare a dormire perché non è abbastanza divertente. Hanno la testa piena di idee e possono sembrare sempre distratti. Come gli ENTP, sono statisticamente più soggetti al disturbo da deficit dell'attenzione. Sono in grado di interpretare il linguaggio del corpo e i messaggi nascosti e molto abili ad adattarsi a qualsiasi tipo di situazione e di persona. Danno enorme importanza all'esperienza, e non sentono di conoscere davvero qualcosa se non l'hanno sperimentata di persona. I loro interessi non hanno limiti. Inoltre sono molto accoglienti e inclusivi, e spesso amano conoscere e praticare le arti. Possono essere orientati – anche in campo professionale – alla persona, ma anche alla religione e alla spiritualità.

Come gli altri tipi Ne, anche gli ENFP si esprimono tramite brainstorming, passando da un'idea all'altra e tenendole tutte in considerazione prima di poter arrivare a una conclusione. Spesso scelgono professioni creative e potenzialmente ricche di possibilità, sono bravissimi a motivare e incoraggiare gli altri anche nell'ambito di imprese che loro stessi, invece, abbandoneranno in poco tempo. Sono intraprendenti e adorano l'improvvisazione, raccontare e spiegare le cose, coinvolgere sempre gli altri. Sono attratti dai pettegolezzi e da qualsiasi storia interessante, sono bravi a raccontarle e inventarle. Il loro passare da una cosa all'altra può sfociare nel rischio di non costruire nulla di stabile. Come gli INFP, possono desiderare di vivere in maniera non convenzionale.

Grazie alla funzione ausiliaria, il Sentimento introverso (Fi), hanno una visione del mondo molto personale e spesso anticonvenzionale, un sistema di valori molto forte e un gran desiderio di autenticità e di unicità. Poiché il Sentimento è introverso, sono perfettamente in grado di capire e gestire le proprie emozioni.

Con l'aiuto del Pensiero estroverso, che tuttavia si sviluppa solo dopo l'adolescenza, riescono a esprimere quello che provano in maniera chiara anche per gli altri, perfino nelle situazioni emotivamente stressanti o conflittuali. Prima dell'adolescenza, tuttavia, alcuni ENFP – non ancora in grado di esprimersi in maniera così consapevole – scelgono di tenere per sé i propri sentimenti e possono diventare rancorosi.

La funzione inferiore è la Sensazione introversa, che si contrappone all'Intuizione estroversa: anche negli ENFP è dunque presente la lotta tra la ricerca di novità e l'attaccamento sentimentale – perlopiù inconscio – alle tradizioni, alla routine e alla sicurezza del già noto. Trattandosi di inclinazioni opposte, gli ENFP si trovano costretti a scegliere e, di conseguenza, a rinunciare a parte dei propri desideri. Molti, ad esempio, possono rinunciare a sposarsi, creare una famiglia o mantenere un posto di lavoro stabile perché, se da una parte si sentono rassicurati dalla stabilità, dall'altra un simile stile di vita tarpa loro le ali e limita la loro libertà.

Infine, gli ENFP hanno spesso difficoltà a entrare in contatto con le proprie sensazioni fisiche interne, e possono perciò sviluppare sintomi psicosomatici. Tendono a ignorare i dettagli concreti della quotidianità, tanto da essere del tutto smemorati o distratti, dimenticare le scadenze e gli appuntamenti, saltare i pasti, credere e parlare di cose in apparenza vere e ragionevoli ma in realtà non approfondite a dovere (e quindi potenzialmente false).

5.3 *Guardiani*

ISFJ: Introvert, Sensor, Feeler, Judger

La funzione dominante di questo tipo è Si (Sensazione introversa), l'ausiliaria Fe (Sentimento estroverso), la terziaria Ti (Pensiero introverso) e l'inferiore Ne (Intuizione estroversa).

Gli ISFJ, avendo la Sensazione introversa dominante, tengono molto alla stabilità e alla coerenza, alle abitudini e alla ripetizione delle cose come sono state in passato, perché dà loro sicurezza. Al contrario, le novità turbano la loro stabilità. Danno valutazioni e prendono decisioni basate sulla loro esperienza, e tutto ciò che non può essere paragonato a qualcosa di già vissuto potrebbe essere destabilizzante. Non amano il rischio o le sorprese, non si sentono a proprio agio quando infrangono le regole e raramente sono impulsivi: preferiscono pianificare in anticipo le attività. Per questi motivi possono essere percepiti come noiosi o addirittura chiusi e bigotti da altri tipi; in realtà gli ISFJ sono solo convinti delle loro idee, ma molto più tolleranti di quanto possano sembrare.

Non hanno una personalità dominante e tendono piuttosto alla subordinazione, cosa che fa di loro degli ottimi lavoratori dipendenti. Inoltre la Sensazione introversa fornisce loro una memoria affidabile e dettagliata, che evita tra l'altro di ripetere errori già commessi in passato. Dato che la funzione dominante (Si) è di tipo percettivo, gli ISFJ tendono a riflettere molto prima di agire. La Sensazione fa sì che siano anche ben consapevoli delle loro necessità fisiche, sensibili agli stimoli e attenti a tutti i segnali inviati dal corpo. Di conseguenza tendono a curare molto l'ambiente in cui vivono e sono molto precisi, attenti ai dettagli e perfezionisti.

Sono leali, responsabili e concreti; prendono il dovere estremamente sul serio e i loro comportamenti sono coerenti rispetto alle parole e ai valori. Nonostante questa apparente rigidità morale, hanno anche una grande intelligenza sociale, sono profondamente interessati alle relazioni e se ne prendono cura facendo in modo che gli altri stiano bene e siano a proprio agio. Tuttavia sono introversi, perciò possono avere atteggiamenti timorosi e formali, avere difficoltà a lasciarsi andare. Nei rapporti più intimi possono sviluppare dipendenza dall'altra persona.

Poiché la loro funzione ausiliaria – Sentimento – è estroversa, gli ISFJ si interessano molto agli altri, sono calorosi e rassicuranti, soprattutto con le persone a cui tengono di più. Si impegnano in modo attivo e concreto e sono pronti a darsi da fare per mantenere l'armonia, spesso mettendo da parte i propri bisogni per soddisfare quelli altrui. Sono empatici e assorbono le emozioni degli altri, provandole insieme a loro. Hanno invece difficoltà a capire ed esternare i propri sentimenti, che pure sono per loro molto importanti; quando sono in difficoltà, cercano perciò il sostegno degli altri. L'espressione dei sentimenti è importante per loro, tanto che hanno bisogno di sfogarsi prima di poter pensare concretamente a una soluzione. In genere amano condividere i loro pensieri, giudizi e opinioni. Danno molta importanza alle parole e facilmente possono sentirsene feriti.

Specie dopo l'adolescenza, la funzione terziaria – il Pensiero introverso – regola i loro giudizi e le conseguenti decisioni aggiungendo una parte più logica e razionale. Non tutti gli ISFJ sviluppano il Pensiero nella stessa misura, perché molti fanno completo affidamento sull'esperienza e sulle emozioni (Si e Fe); tuttavia, Ti può essere loro molto utile per analizzare in maniera più logica i ricordi e le loro convinzioni. Essendo una funzione introversa, il lato razionale e analitico degli ISFJ può non risultare evidente; è più probabile che si manifesti in situazioni minacciose, utilizzato come difesa.

L'Intuizione estroversa, funzione inferiore, si oppone alla Sensazione introversa, cercando collegamenti tra le cose e nuove possibilità, ovvero il contrario di ciò a cui gli ISFJ sono abituati e attaccati. Un mezzo per dare spazio a questa funzione può essere la lettura, che permette di assorbire nuovi concetti e idee senza la necessità di allontanarsi dalla comfort zone. Tuttavia, letture molto lunghe e complicate possono stancare in fretta gli ISFJ, poiché Ne è comunque una funzione repressa. Ancora, potrebbe manifestarsi tramite l'interesse al gossip e l'invenzione di storie interessanti o assurde e, soprattutto sotto stress, tramite pensieri catastrofici o paranoici.

Gli ISFJ non sono affatto privi di curiosità; al contrario, possono essere molto curiosi relativamente a determinate cose, purché non le percepiscano come minacce per la propria stabilità.

ESFJ: Extrovert, Sensor, Feeler, Judger

La funzione dominante di questo tipo è Fe (Sentimento estroverso), l'ausiliaria Si (Sensazione introversa), la terziaria Ne (Intuizione estroversa), l'inferiore Ti (Pensiero introverso).

Gli ESFJ sono molto caldi e accoglienti, altruisti, leali e, come gli ISFJ, prendono il dovere molto sul serio. Essendo estroversi, hanno però anche un grande bisogno di riconoscimento da parte degli altri. Hanno un forte senso morale e lottano per difendere i loro valori. Possono anche apparire rigidi e presuntuosi a causa di questo attaccamento incrollabile a certe idee o valutazioni, e assumere posizioni estremiste. In ogni caso sono molto socievoli e hanno ottime capacità relazionali, sono empatici e capiscono bene le persone e le loro emozioni. Di solito hanno infatti una vasta rete di amicizie. Possono avere difficoltà a dire di no alle richieste degli altri.

Poiché la funzione dominante è il Sentimento estroverso, sono molto diretti ed esprimono idee e sentimenti senza alcuna difficoltà, a volte anche in modo brusco o prematuro. Fanno però di tutto per promuovere l'armonia nei gruppi sociali e perché ognuno sia a proprio agio, anche se questo significa mettere da parte le proprie necessità. Anche nell'ambiente di lavoro fanno in modo che tutti siano apprezzati e soddisfatti. Solo nei rapporti più intimi esprimono anche le loro emozioni negative, spesso in maniera drammatica nonostante siano anche molto razionali e capaci di spiegare nel dettaglio quello che provano. Tuttavia, essendo il Sentimento estroverso, gli ESFJ non spendono molto tempo ad analizzare le proprie emozioni, piuttosto cercano conforto e consigli dagli altri e si sentono molto meglio dopo essersi sfogati, cosa che può essere problematica in una società che scoraggia l'espressione dei sentimenti.

Dato che la funzione dominante è giudicante, gli ESFJ sono efficienti e orientati verso gli obiettivi, spesso riescono a sbrigare molte cose in tempi brevi. Ciò non è sempre evidente, perché passano molto tempo a relazionarsi con le persone; ma anche questo fa spesso parte del processo, e non è raro che scelgano anche attività lavorative che implichino molta interazione.

La funzione ausiliaria è la Sensazione introversa,

perciò, come gli ISFJ, anche gli ESFJ sono affezionati al passato, alle tradizioni, apprezzano la routine e la prevedibilità e basano le loro valutazioni sulle esperienze personali. Inoltre sono molto meticolosi e attenti ai dettagli. Hanno una buona memoria e le loro idee e il loro stile di vita sono all'insegna della stabilità. Dagli altri tipi possono essere percepiti come chiusi e cocciuti, ma in realtà sono solo molto sicuri dei propri valori e giudizi e, per questo motivo, non sentono il bisogno di cambiarli: se una cosa è andata bene in passato, è bene che rimanga così com'è. L'esperienza è per loro sempre più affidabile rispetto alle ipotesi. Tendono a rispettare l'autorità, non amano il rischio e si aspettano un comportamento analogo anche dagli altri.

Tuttavia, la funzione terziaria è l'Intuizione estroversa, che invece ricerca novità, non tanto rispetto agli stimoli sensoriali (come farebbe invece Se) quanto rispetto alle idee. Ecco perché a volte gli ESFJ possono essere molto creativi e originali, e molti usano Ne anche nel lavoro, trovando soluzioni alternative a quelle standard. In generale però hanno un rapporto conflittuale con Ne, poiché questa insinua il dubbio nelle loro ferme convinzioni, perciò si mostrano spesso scettici e critici nei confronti di prospettive e possibilità nuove.

Nonostante le apparenze, gli ESFJ possono non essere molto sicuri di sé, dal momento che la loro funzione giudicante introversa (Ti) è inferiore: possono sentirsi poco capaci di valutare le cose in maniera oggettiva e imparziale. Di conseguenza, hanno difficoltà a prendere una posizione netta o a esprimere chiaramente le critiche, anche perché temono di compromettere l'armonia che si sforzano tanto di creare. Preferiscono esercitare controllo e influenza sull'esterno, attraverso il Sentimento che è invece estroverso. Sono quindi molto persuasivi e bravi a incoraggiare e indirizzare le persone verso le direzioni da loro volute. Questo non significa che siano dei subdoli manipolatori, al contrario, vogliono sinceramente che le necessità altrui siano soddisfatte; ma sono davvero bravi a entrare in sintonia con le persone e, di conseguenza, possono avere su di loro una forte influenza.

Il Pensiero introverso crea però il bisogno inconscio di indipendenza, di staccarsi da quel legame con l'altro che costituisce il tratto più caratteristico degli ESFJ. Per via di questo bisogno, a volte possono percepirsi come logici e indipendenti anche se non lo sono, o possono interessarsi ad argomenti scientifici o, più in generale, dedicarsi all'apprendimento e all'accrescimento della loro cultura. Se l'influenza di Ti è molto forte, possono arrivare a considerarsi introversi, nonostante la loro capacità di relazionarsi con gli altri sia di gran lunga superiore a quella di relazionarsi con sé stessi.

ISTJ: Introvert, Sensor, Thinker, Judger

La funzione dominante di questo tipo è Si (Sensazione introversa), l'ausiliaria Te (Pensiero estroverso), la terziaria Fi (Sentimento introverso) e l'inferiore Ne (Intuizione estroversa).

Anche gli ISTJ, come gli ISFJ, hanno la Sensazione introversa dominante, perciò sono molto affezionati al passato, alla routine, ai modi già sperimentati (e che si sono mostrati efficaci) di fare le cose; non amano invece il rischio e le novità, preferiscono programmare in anticipo quello che faranno e hanno rispetto per le regole e l'autorità, il dovere e la giustizia. Hanno di solito un'ottima memoria e sono capaci di notare e ricordare dettagli che a tanti altri sfuggirebbero. Anche loro possono essere percepiti come chiusi, noiosi e perfino "meccanici", quasi alla stregua di automi. In realtà sono molto più tolleranti e umani di quanto sembrino, ma non sono molto emotivi e tendono a non esternare le proprie emozioni.

Essendo la loro funzione dominante di tipo percettivo e non giudicante, tendono più alla subordinazione che non alla leadership, e questo – insieme al loro essere molto metodici – li rende degli ottimi lavoratori dipendenti. Si dimostrano spesso più bravi di altri tipi a gestire lavori d'ufficio, posizioni amministrative e burocratiche. Sono particolarmente tattici e attribuiscono enorme importanza alla logica; di solito non sono invece bravi a capire le dinamiche relazionali che, appunto, per loro non hanno nulla di logico.

La Sensazione dominante li rende anche molto consapevoli del loro corpo, di tutte le sue necessità, di ogni stimolo sensoriale ricevuto e ogni messaggio che il corpo stesso manda. Le sensazioni fisiche possono anche essere percepite come amplificate.

La funzione ausiliaria è il Pensiero estroverso, che rende gli ISTJ molto diretti e sempre pronti a esprimere i propri giudizi chiaramente, a volte anche troppo, tanto da risultare bruschi e poco empatici, oltre che dogmatici. A volte possono rendersi conto in ritardo di aver espresso un giudizio che avrebbero voluto non formulare ad alta voce. Non sopportano di essere interrotti mentre parlano, ma spesso lo fanno a loro volta. Non hanno molto interesse a mantenere l'armonia sociale, dato che il loro Sentimento è introverso.

Tipico degli ISTJ è considerare dati di fatto e semplici constatazioni come giudizi personali (per esempio "nella mia famiglia ci sono molte donne" diventa per loro "nella mia famiglia ci sono troppe donne per i miei gusti"). E quando l'affermazione – per quanto neutra – offende i loro principi, il confronto diretto con l'interlocutore è quasi inevitabile.

Per via del Sentimento introverso, funzione terziaria, gli ISTJ sono interessati all'indagine dei propri sentimenti e tengono molto alla loro individualità. Riflessioni di questo genere, tuttavia, possono non essere molto frequenti o profonde, dal momento che il Sentimento non è una funzione dominante e, anzi, le emozioni possono risultare molto difficili da comprendere per gli ISTJ. Ma questi hanno un grande bisogno di controllo per sentirsi sicuri e perciò, non riuscendo a esercitare tale controllo sul proprio mondo interiore, preferiscono controllare quello esteriore attraverso il Pensiero, che è invece estroverso.

Dall'esterno, i loro sentimenti risultano ancora più insondabili, il che contribuisce alla percezione generale degli ISTJ come freddi e distaccati da parte di altri tipi. Nonostante ciò, le emozioni possono invece manifestarsi con una certa veemenza nel caso in cui le idee in cui credono fermamente vengano criticate o messe in discussione, cosa che tendono a percepire come un'offesa personale. Man mano che Fi si sviluppa, comunque, diventano sempre più consapevoli dei propri sentimenti e anche più attenti nei confronti di quelli altrui, più tolleranti ed empatici nei confronti di persone anche molto diverse da loro.

L'Intuizione estroversa, funzione inferiore e inconscia, può manifestarsi in modo destabilizzante per un ISTJ, abituato ad avere tutto sotto controllo e a procedure standard. Infatti Ne è la funzione che richiede novità, connessioni, possibilità, e intralcia così le procedure standard. Per soddisfare questa funzione in modo sicuro, gli ISTJ possono dedicarsi alla lettura di testi complessi, permettendosi così di esplorare nuove teorie e idee almeno in situazioni circoscritte e controllabili. Un modo meno sano in cui la funzione inconscia può manifestarsi è il gossip: gli ISTJ amano parlare di tutto, di qualsiasi storia possa suscitare interesse o curiosità, oppure inventare nuovi scenari o arricchirli di dettagli. In momenti di particolare stress, Ne può sfociare in paranoia e catastrofismo, immaginando scenari minacciosi.

Gli ISTJ non sono, naturalmente, del tutto chiusi alle novità, ma hanno bisogno di esplorarle con il supporto della Sensazione introversa, la loro funzione dominante, ovvero alla luce della loro esperienza personale.

ESTJ: Extrovert, Sensor, Thinker, Judger

La funzione dominante di questo tipo è Te (Pensiero estroverso), l'ausiliaria Si (Sensazione introversa), la terziaria Ne (Intuizione estroversa) e l'inferiore Fi (Sentimento introverso).

Gli ESTJ sono degli ottimi lavoratori, molto diligenti, sempre orientati verso gli obiettivi, e qualsiasi imprevisto o deviazione dei piani o del risultato può essere per loro causa di frustrazione. Sono molto efficienti e si aspettano lo stesso anche dagli altri: vogliono che si arrivi dritto al punto senza perdere tempo in dettagli inutili. Anche il loro linguaggio tende a essere conciso e funzionale, per trasmettere il messaggio nel minor tempo possibile: sono infatti molto diretti e categorici, e possono apparire per questo bruschi e insensibili.

Per via del Pensiero estroverso dominante, possono esternare le loro decisioni e i loro giudizi senza preoccuparsi dei sentimenti altrui; tendono a pensare ad alta voce, a volte anche interrompendo l'interlocutore con opinioni non richieste. Sono analitici, obiettivi e anche molto attivi. Spesso, infatti, anche nel tempo libero trovano qualcosa di utile e costruttivo da fare piuttosto che rilassarsi. Nonostante le apparenze, però, non sono sicuri di sé come vorrebbero apparire, perché la loro funzione giudicante introversa (Fi) è inferiore e quindi repressa, perciò non riescono ad esercitare un perfetto controllo interiore. Preferiscono quindi controllare il mondo esterno, attraverso il Pensiero che è invece estroverso (e dominante), e in questo modo hanno la sensazione di controllare meglio sé stessi. Tuttavia non è possibile avere il pieno controllo della realtà, perciò gli ESTJ possono innervosirsi con una certa facilità. Sono molto seri, organizzati e ordinati, possono sembrare freddi e mancare di senso dell'umorismo, soprattutto se la funzione terziaria (Ne) non è adeguatamente sviluppata. In genere adorano occupare posizioni di comando, dare ordini e dirigere qualsiasi tipo di progetto in modo che i risultati siano soddisfacenti, ma tendono ad attenersi alle regole piuttosto che ad adattare il processo ai risultati raggiunti. Non sopportano il disordine e la disorganizzazione.

La funzione ausiliaria è la Sensazione introversa, perciò gli ESTJ sono anche loro molto abitudinari, affezionati alle convenzioni e alle tradizioni, tendono a rispettare le regole e l'autorità e non amano il rischio, preferendo programmare le cose in anticipo e sapere che cosa aspettarsi. L'incertezza li destabilizza e difficilmente vanno in cerca di novità. Tendono a confrontare gli eventi e i problemi con la loro esperienza pregressa, e a utilizzare quindi soluzioni che già in passato si sono rivelate efficaci. Hanno di solito un'ottima memoria, specie per i dettagli. Nonostante l'apparente freddezza, sono molto leali e fedeli, soprattutto nei confronti di persone che percepiscono come affini.

La funzione terziaria è invece l'Intuizione estroversa, con cui hanno un rapporto difficile perché si contrappone a Si, richiedendo novità e insinuando il dubbio nelle loro convinzioni ampiamente consolidate, e dunque creando squilibrio. Tuttavia molti ESTJ trovano il modo di dar spazio a questa funzione impiegandola nel lavoro, rendendolo così più creativo e originale, oppure investendo in affari nuovi.

Infine, la funzione inferiore è il Sentimento introverso, che richiede l'analisi dei propri sentimenti e valori personali. Essendo tuttavia una funzione inconscia, gli ESTJ non si sentono in grado di accedere così direttamente alle loro emozioni; per via di Te dominante, preferiscono prendere decisioni definitive e, di conseguenza, spesso vedono il mondo in termini di "bianco o nero", "tutto o niente"; in altre parole sono poco aperti alle vie di mezzo. Nonostante tutto, Fi influenza comunque le loro scelte, come quella del lavoro, anche se non se ne rendono conto razionalmente. Inoltre può spingerli a impegnarsi in cause che li coinvolgono da un punto di vista emotivo e valoriale, anche se loro tenderanno a spiegare le loro scelte in maniera razionale.

5.4 Artigiani

ISFP: Introvert, Sensor, Feeler, Perceiver

La funzione dominante di questo tipo è Fi (Sentimento introverso), l'ausiliaria Se (Sensazione estroversa), la terziaria Ni (Intuizione introversa) e l'inferiore Te (Pensiero estroverso).

Gli ISFP sono in genere molto dolci e gentili, amano passare il tempo con le persone a loro care. Amano i bambini, gli animali e tutte le creature che possono ispirare un senso di innocenza. Vivono le emozioni con molta intensità nel privato, ma dall'esterno questo non è evidente e possono perfino sembrare freddi, poiché il Sentimento è introverso.

I loro sentimenti sono molto specifici: a differenza degli ISFJ, non sono tanto attenti al benessere del gruppo nella sua totalità, quanto alle singole persone che stanno loro a cuore. Al contrario, percepiscono come falsi e costruiti i sentimenti collettivi, e fin da bambini possono essere infastiditi dagli inviti a sorridere senza motivo o a manifestare sentimenti che non provano davvero. Possono sentirsi feriti molto facilmente, e quando vengono forzati ad adeguarsi alle convenzioni possono reagire dicendo o mostrando in modo brusco e diretto come la pensano (Te). La caratteristica intensità riguarda anche i sentimenti negativi, nei confronti di chiunque percepiscano come un nemico.

Questa intensità in molti casi viene espressa tramite volontariato e attività svolte per il bene altrui, oppure attraverso l'arte, che consente agli ISFP di esprimere le emozioni che non riescono a comunicare a parole. Sostengono l'individualità e l'unicità, i sentimenti e i valori di ogni singola persona. Di solito sono attenti al loro aspetto, possono essere atletici e preoccuparsi di avere un abbigliamento impeccabile in ogni occasione, tratto che li distingue dagli INFP, con cui hanno del resto molto in comune. Si applicano in modo serio nelle attività che intraprendono, ma non vanno molto d'accordo con la teoria e perciò, nonostante la loro diligenza, è frequente che non siano i più bravi a scuola.

La funzione ausiliaria è la Sensazione estroversa (Se), orientata al presente e al godersi il momento senza preoccuparsi troppo del prima e del dopo. Gli ISFP, come tutti gli Artigiani, amano il rischio e le novità, le sensazioni forti e le avventure. Sono inoltre molto attenti ai dettagli concreti della realtà e spesso hanno un'ottima memoria fotografica. Possono avere anche gusti molto raffinati. Vogliono che tutto ciò di cui si parla sia concreto e possa avere degli effetti sulla realtà.

La funzione terziaria è invece Ni, l'Intuizione introversa. Questa fornisce interesse per le teorie e l'astrazione, ma si sviluppa solo nella tarda adolescenza. In ogni caso, l'Intuizione elabora idee e teorie sempre a partire dalla Sensazione, che raccoglie le informazioni tramite i cinque sensi, infatti per gli ISFP è molto importante vivere ogni esperienza in prima persona per poter sviluppare la loro visione del mondo.

La funzione inferiore, infine, è il Pensiero estroverso (Te), che è inconscio e crea conflitto con il Sentimento introverso: da una parte l'individualità, così importante per gli ISFP, dall'altra gli standard sociali. Inconsciamente desiderano organizzare e controllare l'ambiente, e in situazioni di particolare stress possono diventare molto rigidi e dogmatici. Sono notoriamente gentili e amorevoli ma, dato che la funzione giudicante estroversa è appunto repressa, possono avere difficoltà a instaurare un dialogo davvero intimo con gli altri. Hanno il pieno controllo di se stessi, ma sentono di non avere invece nessun potere o influenza sugli altri. Non sono affatto persuasivi, per questo evitano con cura i conflitti, che li costringerebbero a confrontarsi con le proprie insicurezze. Come mezzo di comunicazione preferiscono le azioni alle parole e possono avere comportamenti passivo-aggressivi.

ESFP: Extrovert, Sensor, Feeler, Perceiver

La funzione dominante di questo tipo è Se (Sensazione estroversa), l'ausiliaria Fi (Sentimento introverso), la terziaria Te (Pensiero estroverso) e l'inferiore Ni (Intuizione introversa).

Gli ESFP amano stare al centro dell'attenzione e risultano molto spesso attraenti, grazie sia alla loro estroversione, sia alla loro attenzione per l'estetica. Oltre che a presentarsi bene, infatti, tengono molto all'aspetto dell'ambiente, amano circondarsi di cose belle e hanno spesso gusti molto sofisticati anche relativamente al cibo.

Con la Sensazione estroversa dominante, gli ESFP sono grandi amanti delle novità e di tutto ciò che può dare sensazioni nuove, spesso anche estreme. Di solito hanno un'ottima coordinazione, sono atletici e abili in molte attività fisiche. Sono inoltre degli ottimi performer, e se ne trovano infatti molti nel mondo dello spettacolo. Amano in generale sperimentare tantissime cose diverse. Sono socievoli e pieni di amici grazie alla loro capacità di stringere relazioni personali e alla loro scarsa selettività. Nonostante il Sentimento sia introverso, sono tipi estremamente estroversi e risultano perciò molto caldi, divertenti e coinvolgenti, ma si confidano solo con poche persone scelte.

Sono bravi a notare i dettagli e hanno spesso un'ottima memoria fotografica. La Sensazione estroversa riceve le informazioni dai cinque sensi ed è attenta al momento presente, fa apprezzare il rischio e richiede stimoli fisici e materiali sempre nuovi, tanto che gli ESFP rischiano di essere giudicati superficiali e materialisti da altri tipi diversi da loro (magari intuitivi).

In realtà la loro funzione ausiliaria (Sentimento introverso) è una funzione giudicante introversa, che li rende *interiormente* più seri di quanto sembrino da fuori. Hanno un forte autocontrollo e una grande capacità di gestire le proprie emozioni, che sono comunque molto forti, come i loro valori. Fi li rende anche molto individualisti, portandoli ad apprezzare l'unicità di ogni individuo e a ritenere false e costruite le manifestazioni esplicite di certi sentimenti. La disapprovazione può ferirli nel profondo, possono essere molto permalosi e le critiche li offendono facilmente.

La funzione terziaria, il Pensiero estroverso, si sviluppa nella tarda adolescenza e si manifesta tramite una comunicazione molto precisa e articolata. In giovane età, quando la funzione non è ancora ben sviluppata, gli ESFP tendono invece a evitare il confronto, in quanto non si sentono in grado di argomentare adeguatamente i loro punti di vista. Con Te sviluppano anche un senso di responsabilità quasi assente in gioventù, in alcuni casi al punto da farsi schiacciare da questo senso del dovere che potrebbe perfino renderli meno aperti e calorosi verso gli altri.

La funzione inferiore è l'Intuizione introversa. La contrapposizione tra quest'ultima e la Sensazione estroversa – funzione dominante –, come per gli altri tipi crea i maggiori conflitti interiori. Nel caso specifico, Ni può dare all'ESFP la sensazione (o certezza) di avere tutte le risposte, che ovviamente non può avere davvero: in alcuni casi questi individui finiscono per mostrarsi eccessivamente orgogliosi e testardi, e hanno difficoltà ad ammettere i propri fallimenti. Infine, la posizione inferiore di Ni rende molto difficile la pianificazione e infatti, con Se dominante, gli ESFP rischiano di vivere in maniera troppo impulsiva e trovarsi quindi impreparati di fronte alle situazioni più difficili o inaspettate.

ISTP: Introvert, Sensor, Thinker, Perceiver

La funzione dominante di questo tipo è Ti (Pensiero introverso), l'ausiliaria Se (Sensazione estroversa), la terziaria Ni (Intuizione introversa) e l'inferiore Fe (Sentimento estroverso).

Gli ISTP sono individui molto logici e grandi pensatori, avendo il Pensiero introverso dominante, che tendono a usare per risolvere problemi pratici e migliorare il funzionamento concreto delle cose. Poiché il Pensiero è introverso, è frequente che il loro accurato lavoro mentale e la loro serietà non vengano notati dagli altri. Ciò che viene notato è, invece, il loro modo di fare all'esterno, quindi la loro affabilità e tranquillità.

Gli ISTP sono introversi, e quindi spesso di poche parole. I loro rapporti con gli altri si basano preferibilmente sulla condivisione di attività più che di idee o sentimenti. Spesso risultano più socievoli in pubblico che non nelle relazioni intime, perché grazie alla Sensazione estroversa danno molta importanza allo status sociale e possono essere ambiziosi. La Sensazione estroversa fa amare loro le sfide, il rischio e l'avventura, li rende inclini al movimento fisico estremo e spesso atletici, ma anche amanti del cibo, a volte fino a compromettere la loro forma fisica, specie in età più matura. L'attenzione per le cose concrete e la memoria fotografica, associate al Pensiero analitico, li rende anche molto amanti della tecnologia e della meccanica. Molti ISTP hanno tuttavia problemi a scuola perché, nonostante la loro intelligenza, possono soffrire molto la mancanza di stimoli fisici e non sono in genere interessati alle astrazioni. Anche nel lavoro tendono a scegliere attività pratiche e manuali, possono essere ottimi artigiani, meccanici, chirurghi...

Pensiero introverso e Sensazione estroversa, in posizione dominante e ausiliaria, possono creare dei piccoli conflitti interiori in quanto hanno tendenze opposte: da una parte il bisogno di pensare e analizzare le cose interiormente (Ti), dall'altra quello di andare fuori, godersi il momento, socializzare (Se).

La funzione terziaria, che si sviluppa soprattutto dopo

l'adolescenza, è l'Intuizione introversa. Questa può accrescere l'interesse verso la teoria, la letteratura, la cultura, l'astrazione. Nonostante ciò, Ni si trova pur sempre in posizione subordinata rispetto a Se, perciò gli ISTP hanno comunque bisogno di sperimentare le cose personalmente, o almeno di trovare riscontri pratici, per capirle e apprezzarle pienamente. Ni sviluppa anche la fantasia, spesso a livello di vere e proprie visioni, e in più aiuta a vedere le cose nella loro globalità (mentre Se è più attenta ai dettagli).

Infine, la funzione inferiore e repressa è il Sentimento estroverso, che crea inconsciamente conflitti con il Pensiero introverso. All'interno gli ISTP sentono di avere il pieno controllo di sé, sono indipendenti e disciplinati, orientati verso gli obiettivi; ma avendo il Sentimento estroverso in posizione inferiore, non si sentono molto sicuri o capaci nelle relazioni interpersonali. Assistere alle decisioni poco logiche degli altri può innervosirli molto e provocare perfino reazioni violente, sebbene siano in genere molto pacati. Inoltre Ti è molto indipendente e vuole libertà, mentre Fe ricerca i rapporti e l'approvazione altrui. La reazione a questo tipo di conflitto può farli diventare ossessivi ed eccessivamente meticolosi nelle cose che fanno, spingendoli ad alienarsi perché le persone vengono percepite come ostacoli alla produttività; inoltre, possono scegliere – più o meno consapevolmente – di ignorare del tutto le loro emozioni.

In generale, gli ISTP vogliono mantenere l'armonia, evitano i conflitti e non vogliono ferire gli altri; desiderano anche l'approvazione e il riconoscimento altrui. Allo stesso tempo, hanno bisogno di molto spazio per sé, e questo li porta a svalutare e rivalutare spesso la presenza degli altri, a seconda del bisogno. Può essere molto difficile entrare in intimità con loro; possono apparire molto freddi e, pur di evitare il conflitto, spesso evitano del tutto di parlare dei problemi, preferendo analizzarli autonomamente e compromettendo così la comunicazione con l'altro.

ESTP: Extrovert, Sensor, Thinker, Perceiver

La funzione dominante di questo tipo è Se (Sensazione estroversa), l'ausiliaria Ti (Pensiero introverso), la terziaria Fe (Sentimento estroverso) e l'inferiore Ni (Intuizione introversa).

Gli ESTP sono spesso carismatici e divertenti. Il loro Pensiero, che è introverso, spesso non viene notato dagli altri, mentre ciò che è evidente è la loro intraprendenza. Il Sentimento, pur essendo subordinato al Pensiero, è estroverso, perciò rende gli ESTP affabili e in genere graditi agli altri.

Per via della Sensazione estroversa dominante, attribuiscono una grande importanza allo status sociale e a tutto ciò che è materialmente bello e piacevole; la combinazione con il Pensiero introverso li spinge a interessarsi alla tecnologia e alla meccanica. Tendono a cogliere l'attimo e vivere il momento come viene, senza fare programmi, amano il rischio, le sfide e ricevere stimoli sempre nuovi; in assenza di stimoli, al contrario, si annoiano con facilità. Spesso hanno gusti molto raffinati e, a causa di questo loro amore per tutti i piaceri materiali, possono essere percepiti come edonisti e superficiali. Sono probabilmente i tipi psicologici più orientati all'azione in assoluto. Di solito sono atletici e molto pratici, consapevoli del loro corpo e praticamente instancabili. Spesso sono anche degli ottimi performer, attori o musicisti. Hanno una grande attenzione per i dettagli e un'ottima memoria fotografica ma, come gli ISTP, possono avere problemi a scuola per carenza di stimoli sensoriali adeguati e intolleranza per le astrazioni. Statisticamente, viene loro diagnosticato il disturbo da deficit dell'attenzione più spesso che ad altri tipi.

Preferiscono l'attività alle parole, anche nei rapporti con gli altri. Non sono tipi da lunghi discorsi, piuttosto tendono a condividere il proprio tempo con gli altri facendo cose insieme. Visto il loro interesse per il successo e lo status sociale, spesso risultano in pubblico più socievoli e chiacchieroni che in privato. Vogliono risultare graditi ed essere ammirati, tengono molto alla reputazione non solo a causa di Se, ma anche della funzione terziaria, il Sentimento estroverso, per cui cercano di soddisfare le aspettative sociali e di evitare i conflitti.

La funzione ausiliaria, il Pensiero introverso, li rende molto logici e conferisce struttura e ordine al loro mondo interiore. Gli ESTP sono molto bravi a risolvere problemi pratici, sono indipendenti e sentono di avere il pieno controllo di sé stessi. Allo stesso tempo, grazie a Fe, vogliono mantenere la pace e l'armonia nei rapporti interpersonali e hanno bisogno dell'approvazione altrui e di stare con le persone. Tuttavia hanno difficoltà a entrare realmente in contatto con l'altro a livello emotivo, perché Fe si trova in posizione subordinata rispetto al Pensiero: per questo possono percepire gli altri come dei limiti alla loro indipendenza. Vorrebbero non aver bisogno di nessuno.

La funzione inferiore è l'Intuizione introversa, che si oppone alla Sensazione. Gli ESTP potrebbero presumere di avere tutte le risposte a questioni teoriche e religiose, ma in realtà non sono così bravi con la teoria, il loro campo prediletto resta sempre quello concreto. Eppure, per assecondare la funzione inconscia, possono arrivare a impuntarsi su una teoria e volerla seguire a tutti i costi, ignorando in questo modo la Sensazione che richiede novità e imprevedibilità. Al contrario, la repressione di Ni potrebbe impedire loro di andare oltre le apparenze e la superficie.

Gli ESTP possono sottovalutare le personalità più riflessive e introverse ed esprimere giudizi nei loro confronti senza rendersi conto di risultare offensivi.

Capitolo 6

L'ombra

Carl Gustav Jung parlava di ombra per indicare le parti inconsce della personalità: l'individuo stesso non è in grado di riconoscerle come sue perché non le vede e non le sperimenta consciamente come parti di sé. Questo però non significa che non esistano, al contrario: in determinate situazioni sono proprio loro a prendere il comando e a guidarci verso comportamenti che risultano opposti rispetto alla personalità che mostriamo nel quotidiano. In altre parole, l'ombra di un individuo è il suo lato oscuro e non vissuto liberamente, dato dalle sue parti di cui non è consapevole. Contiene quindi ricordi, emozioni e impulsi considerati negativi e, di conseguenza, repressi a seguito dell'educazione ricevuta, delle esperienze, dei condizionamenti sociali e così via.

L'ombra si contrappone all'ego, che è invece quello che crediamo di essere, l'idea che abbiamo della nostra identità. Con uno sviluppo normale, le quattro funzioni preferite, compresa quella inferiore, entrano a far parte del nostro ego, ognuna in misura diversa. Le altre quattro restano appunto nell'ombra, emergendo al livello conscio solo in determinate occasioni di particolare stress, a proteggere l'ego che, evidentemente, non si sta mostrando in grado di gestire quella specifica circostanza.

È importante rendersi conto che non si sta parlando di

un lato buono e uno cattivo, ma solo di uno espresso e uno represso. Le parti di noi che reprimiamo sono quelle che non corrispondono all'idea che abbiamo di noi stessi – o meglio, di come dovremmo essere – e che quindi nascondiamo perché temiamo che comprometterebbero la nostra immagine, quella che abbiamo costruito con fatica nel corso di tutta la nostra vita. John Beebe, l'analista junghiano che ha individuato le otto funzioni cognitive, ha infatti definito l'ombra "la parte di noi che gli altri vedono ma noi no".

L'ombra può essere definita "negativa" solo in quanto non abbiamo controllo su di essa, perciò, nel momento in cui emerge, assumiamo comportamenti irrazionali e perfino ambigui da un punto di vista morale. Inoltre spesso tendiamo a proiettare i suoi (e quindi nostri) aspetti negativi sugli altri.

L'ombra di ogni individuo – come del resto la sua personalità – è quindi legata alla sua storia personale. Anche in questo caso, possiamo quindi dare solo delle indicazioni generiche: ognuno di noi ha percorso una strada diversa, perciò non è possibile generalizzare.

Le funzioni ombra non sono altro che le funzioni "non preferite". Come abbiamo visto, ogni tipo psicologico ha quattro funzioni preferite: le funzioni ombra sono le altre quattro, quelle che avanzano.

Prendiamo ad esempio un ISFJ. Sappiamo già che le sue funzioni preferite sono Si, Fe, Ti e Ne. Le funzioni ombra sono quelle opposte, che non rientrano tra le preferite

Funzioni preferite
Si, Fe, Ti, Ne
↓
Funzioni ombra
Se, Fi, Te, Ni

Vediamo ora uno per uno i ruoli delle quattro funzioni ombra.

La prima è **l'ombra della funzione dominante**. Mentre quest'ultima ci governa e ci guida, la funzione ombra si ribella: è oppositiva, paranoide, passivo-aggressiva ed evitante. È molto difficile da riconoscere in sé stessi, in quanto coperta dalla funzione dominante; al contrario, è molto facile da proiettare sugli altri. Quello che fa è mettere in dubbio le capacità della funzione dominante, e spesso la usiamo quando facciamo polemica o rispondiamo a qualcosa che il nostro ego percepisce come minaccioso. Poiché la nostra esperienza con essa è molto negativa, e tendiamo per questo a proiettarla sugli altri, quando qualcuno utilizza questa funzione noi percepiamo i suoi comportamenti come negativi o falsi.

Se, per esempio, abbiamo Si dominante, la nostra prima funzione ombra sarà Se. Questo significa che siamo governati da Si, ma ci capiterà di percepire Se come una voce oppositiva rispetto ai nostri pensieri abituali e "sicuri". Inoltre potremmo percepire come oppositivi o subdoli i tipi che utilizzano principalmente Se (e loro potrebbero percepire noi allo stesso modo).

La seconda è **l'ombra della funzione ausiliaria**. Mentre questa ci educa e si prende cura di noi e degli altri, la funzione ombra è ipercritica, pone limiti severi, umilia, sminuisce e ridicolizza noi stessi e gli altri con critiche dure. È totalmente indifferente al benessere della personalità. Ci ricorda i nostri fallimenti e rifiuta ogni nostra idea. Può essere diretta verso noi stessi e il nostro ego, oppure diretta o proiettata sugli altri, specie allo scopo di tenerli sotto controllo.

Se, per esempio, abbiamo Ti ausiliaria, la nostra seconda funzione ombra sarà Te. Quando percepiamo qualcuno come immaturo, tenteremo allora di "raddrizzarlo" tramite Te, criticando la logica delle sue azioni e la sua scarsa organizzazione. Oppure, in momenti di particolare stress, potremmo sentire Te come una voce interiore che critica aspramente il modo in cui stiamo gestendo la situazione, la nostra organizzazione, la nostra capacità di fare le cose bene e correttamente.

La terza è **l'ombra della funzione terziaria**. Mentre questa rappresenta il nostro bambino interiore, vulnerabile, innocente e giocoso, la funzione ombra è furba, maliziosa, proteiforme e ingannevole. Il suo scopo è quello di proteggere il "bambino" dalle altre persone, ma per farlo crea o peggiora i conflitti. Quando usiamo questa funzione ci sentiamo come se stessimo infrangendo delle regole o se il nostro comportamento fosse estremamente manipolatorio nei confronti altrui. Per quanto possa sembrare una funzione negativa, comunque, è utile alla nostra crescita: mentre distrugge crea, perché demolisce i confini limitanti che ci siamo costruiti attorno, aprendoci a nuove possibilità.

Se, per esempio, abbiamo Fi terziaria, la nostra terza funzione ombra sarà Fe, perciò tenderemo a vedere l'uso di Fe come infantile o manipolatorio. Oppure, quando percepiamo qualcuno come eccessivamente critico nei nostri confronti, e quindi pericoloso per il nostro ego, potremmo attaccarlo usando Fe per manipolarlo.

La quarta è **l'ombra della funzione inferiore**. È la funzione più estranea per noi e i nostri fallimenti collegati ad essa sono i più dannosi. Avere a che fare con persone che hanno questa funzione dominante può essere molto difficile, appunto perché noi non riusciamo a collegarci con essa in maniera cosciente, se non in situazioni molto particolari. Facilmente la proietteremo sugli altri, ed è importante rendersene conto, in modo da non condannare o giudicare severamente una persona che, in fondo, sta solo usando una funzione con cui noi non abbiamo molta confidenza. È la funzione che percepiamo come la nostra parte peggiore e di cui ci vergogniamo.

Se, per esempio, abbiamo Ti inferiore, la nostra quarta funzione ombra sarà Te, perciò ne saremo irritati quando avremo a che fare con persone che la usano abitualmente. Potremmo percepirle come moralmente corrotte o insensibili. Oppure, quando ci troviamo a dover usare questa funzione, ci sentiremo come se stessimo assumendo comportamenti che non ci appartengono. In momenti di stress potremmo usare la logica oggettiva di Te contro noi stessi, per danneggiare e sminuire le nostre idee, il nostro valore e i nostri obiettivi. Tuttavia, se impariamo a conoscerla e svilupparla in modo sano, anche l'ultima funzione ombra potrà esserci utile e diventare parte integrante della nostra personalità, e impareremo ad apprezzare le persone che la usano.

6.1 La funzione inferiore

Prima di addentrarsi nel buio più profondo, l'individuo comincia a entrare nell'ombra già quando la sua funzione inferiore o repressa – che pure fa ancora parte delle sue preferite, anche se in misura minore rispetto alle altre tre – prende il sopravvento sulla funzione dominante. Tornando al *car model*, diciamo in questo caso che l'auto è guidata dal passeggero più piccolo di età.

Si tratta di comportamenti e reazioni anomale e non abituali per l'individuo, e si hanno in situazioni particolari. Un esempio valido per tutti può essere l'amore romantico: chi, infatti, non si comporta in modo irrazionale quando è innamorato? Perfino il più rigido *thinker* è capace di gesti del tutto sconsiderati e razionalmente insensati per amore. La teoria Myers-Briggs spiega questo genere di comportamento tramite un sovvertimento dei ruoli delle funzioni. Nel caso del *thinker*, per l'appunto, è il Sentimento inferiore che prende il sopravvento sul suo Pensiero dominante. Questo non significa affatto che il Sentimento sia una funzione peggiore del Pensiero ma, per un individuo abituato a usare principalmente il Pensiero, essere guidato dal Sentimento può essere destabilizzante e generare comportamenti irrazionali e poco prevedibili. Per questo motivo, sarebbe bene conoscere al meglio la nostra funzione inferiore (e via via il ruolo di ogni funzione ombra) per poter lavorare sui nostri lati nascosti e imparare a gestirli nel migliore dei modi, così come è importante e molto utile comprendere che anche le altre persone a volte sono guidate dalle loro funzioni inferiori, per cui non c'è da stupirsi se alcuni loro comportamenti risultano contraddittori.

Alcuni segnali indicano più o meno indubbiamente che qualcuno sta (o noi stessi stiamo) agendo sotto la guida della funzione inferiore: si tratta di comportamenti impulsivi e infantili, che "stonano" rispetto alla personalità abituale e, proprio per questo, di solito l'individuo si pente o si vergogna subito dopo aver agito o parlato seguendo quell'impulso. Si tratta in altre parole di azioni sorprendenti, che vanno contro le aspettative.

Alcuni esempi possono riguardare: gentilezze da parte di persone abitualmente scortesi; reazioni aggressive o rabbiose da persone che di solito sono molto tranquille e pacifiche; comportamenti improvvisamente estroversi da parte di individui introversi; una critica sarcastica da parte di qualcuno che in genere è molto empatico e comprensivo.

Vediamo come agiscono, per ogni tipo psicologico, le singole funzioni inferiori quando prendono il sopravvento su quelle dominanti.

Ne, Intuizione estroversa – ISFJ e ISTJ

Quando l'Intuizione estroversa si ribella al controllo della Sensazione introversa (Si), ISFJ e ISTJ cominciano a ricercare novità, nuove prospettive, ma lo fanno in modo confuso e compulsivo: non sono realmente interessati a esplorare strade nuove, piuttosto cercano febbrilmente di sfuggire alla noia.

Ni, Intuizione introversa – ESTP e ESFP

Quando l'Intuizione introversa si ribella alla Sensazione estroversa (Se), ESTP ed ESFP smettono di concentrarsi sul piacere del momento e si dedicano invece ad attività irrilevanti, o si perdono in dettagli inutili che solitamente non considerano nemmeno. Provano a elaborare teorie come i Razionali, e possono attaccarsi a certe idee in maniera ossessiva.

Se, Sensazione estroversa – INTJ e INFJ

Quando la Sensazione estroversa si ribella all'Intuizione introversa (Ni), INTJ e INFJ compiono gesti avventati e irresponsabili, decisamente strani da parte loro, senza tenere conto delle conseguenze. Cercano di vivere il momento senza preoccupazioni, come se fossero Artigiani.

Si, Sensazione introversa – ENTP e ENFP

Quando la Sensazione introversa si ribella

all'Intuizione estroversa (Ne), ENTP ed ENFP si impuntano su un perfezionismo non abituale per loro, si attaccano alla routine e smettono di manifestare il loro solito entusiasmo. Assumono quindi un modo di fare simile a quello dei Guardiani.

Fe, Sentimento estroverso – ISTP e INTP

Quando il Sentimento estroverso si ribella al Pensiero introverso (Ti), ISTP e INTP possono diventare invadenti, curiosi nei confronti degli altri, perfino irrispettosi della privacy altrui. Vogliono a tutti i costi piacere alle altre persone, hanno colpi di fulmine e, in preda a queste passioni momentanee, possono compiere gesti avventati.

Fi, Sentimento introverso – ESTJ e ENTJ

Quando il Sentimento introverso si ribella al controllo del Pensiero estroverso (Te), ESTJ ed ENTJ, in genere molto concreti e pratici, cominciano a percepire l'inutilità delle cose che fanno e a impigrirsi, assumono atteggiamenti sottomessi e possono mostrarsi ipersensibili e sentimentali nei confronti delle cause a cui tengono.

Te, Pensiero estroverso – ISFP e INFP

Quando è il Pensiero estroverso a ribellarsi al Sentimento introverso (Fi), ISFP e INFP, che sono abitualmente promotori dell'individualità, diventano rigidi e dogmatici, perfino prepotenti, e cercano di imporre agli altri i loro punti di vista, trasformandosi così in ciò che solitamente odiano.

Ti, Pensiero introverso – ESFJ e ENFJ

Quando il Pensiero introverso si ribella al Sentimento estroverso (Fe), ESFJ ed ENFJ, in genere molto empatici e accoglienti, vogliono dimostrare di essere indipendenti e di avere il controllo delle proprie emozioni, così diventano freddi e assumono atteggiamenti distaccati ed egoisti nei confronti degli altri.

6.2 Migliorare il proprio tipo psicologico

A cosa serve conoscere pregi e difetti del proprio tipo psicologico? Naturalmente, una buona consapevolezza di sé è la base necessaria su cui costruire eventualmente un lavoro di miglioramento e crescita personale. Come già detto, non esiste un tipo migliore di un altro, ognuno ha i suoi punti di forza e i suoi punti deboli. Tuttavia, si può sempre migliorare sé stessi, senza per questo snaturarsi o aspirare a cambiare completamente tipo psicologico.

Da un punto di vista teorico, la questione è molto semplice: per sviluppare la propria personalità al meglio, basta lavorare sull'equilibrio tra le disposizioni (E/I e J/P). Sarebbe infatti inutile e controproducente cercare di cambiare le nostre funzioni, poiché si tratta di attitudini innate e dovremmo fare violenza su noi stessi, e spendere energia inutilmente, per costringere il nostro cervello a funzionare in un modo diverso. Inoltre, lavorando sulle disposizioni agiamo in realtà anche sulle funzioni, ma lo facciamo in maniera indiretta. Del resto, come abbiamo detto, l'ombra è costituita dalle nostre parti inconsce: noi non le vediamo, e conoscerle a livello teorico non è sufficiente per modificarle.

Piuttosto che concentrarci sul polo opposto delle nostre funzioni preferite, quello che possiamo fare è invece migliorare l'uso che ne facciamo. Se, per esempio, siamo *feelers*, cercare di smussare i difetti e potenziare i pregi della funzione Sentimento si rivelerà certamente più utile che lavorare sulla funzione Pensiero, che usiamo in misura minore. In più, come detto poc'anzi, la strategia più efficace è quella di lavorare soprattutto sulle disposizioni, cercando di portare il braccio della bilancia nella posizione più orizzontale possibile: se siamo introversi, faremmo bene a sforzarci di assumere comportamenti più estroversi, almeno in determinate occasioni, e viceversa; è lo stesso per quanto riguarda giudizio e percezione. Così facendo, stiamo agendo sulla funzione dominante e quella ausiliaria ma in realtà stiamo compiendo un lavoro – indiretto – anche sulla terziaria e l'inferiore.

Vediamo in concreto quali sono i pregi e i difetti di ogni componente della personalità su cui possiamo lavorare attivamente.

Se abbiamo **S** dominante o ausiliaria, questo può renderci eccessivamente rigidi e scettici verso tutto ciò che non possiamo toccare con mano, ma allo stesso tempo saremo in grado di apprezzare le cose concrete della nostra esperienza e della vita quotidiana. Dobbiamo quindi coltivare la nostra capacità di osservazione e l'attenzione ai dettagli, le maggiori qualità di questa parte della nostra personalità.

Se invece abbiamo **N** dominante o ausiliaria, questo può renderci dei sognatori e farci staccare dalla realtà concreta, ma al contempo avremo una grande creatività. Dobbiamo quindi sviluppare la fantasia e indirizzarla verso qualcosa che non sia solo astratto, ma che ci permetta di realizzare qualcosa di concreto. È necessario sforzarsi di trovare un interesse che davvero ci coinvolga ed evitare invece di passare da una cosa all'altra senza mai concluderne nessuna.

Se abbiamo **T** dominante o ausiliaria, questo può renderci insensibili nei confronti dei sentimenti altrui o addirittura cinici; in compenso avremo un maggiore autocontrollo, saremo affidabili, leali e corretti, capaci di pensare razionalmente senza lasciarci condizionare. Questi sono i lati su cui dovremo lavorare, usandoli anche per trovare punti di incontro con gli altri.

Se abbiamo **F** dominante o ausiliaria, questo può renderci permalosi e facili da ferire, e farci interpretare vari atteggiamenti come attacchi personali; allo stesso tempo, potremmo essere fin troppo servizievoli nei confronti degli altri per evitare i conflitti. Bisogna quindi lavorare sull'autostima e l'accettazione di sé, oltre che degli altri, e affrontare i conflitti piuttosto che evitarli, perché essi sono importanti nella costruzione di una relazione più profonda e autentica con l'altro. Grazie a F siamo in grado di creare un ambiente armonioso e rapporti sereni e amorevoli, in cui nessuno dovrebbe annullarsi a beneficio di qualcun altro.

Se siamo **estroversi**, rischiamo di adattarci troppo al mondo esterno, diventando conformisti o dipendenti dagli altri (soprattutto se siamo anche *feelers*). L'apertura nei confronti degli altri è importante, così come saper collaborare, ma è altrettanto importante riuscire a stare bene con sé stessi, essere indipendenti e saper fare da sé, soprattutto perché gli altri non possono essere costantemente disponibili per noi.

Di conseguenza una persona molto estroversa farebbe

bene a "esercitarsi a essere introverso", per esempio leggendo o scrivendo, attività in genere solitarie e silenziose, oppure frequentando dei corsi di meditazione o di yoga, discipline che promuovono il contatto con sé stessi.

Se siamo **introversi**, rischiamo invece di chiuderci troppo in noi stessi, fino al punto di percepire gli altri come se fossero degli intrusi, degli ostacoli al nostro benessere. Naturalmente è un bene essere indipendenti e riuscire a stare bene con sé stessi ma, a meno che non siamo eremiti, è importante anche stare bene con gli altri e riuscire a percepire la diversità come ricchezza piuttosto che come un fastidio. Tra l'altro, stare sempre da soli può avere effetti devastanti sulla mente, può creare ansia e depressione; in più la società favorisce gli estroversi, perciò anche per un introverso è comodo saper adottare all'occorrenza determinati atteggiamenti.
Una persona molto introversa dovrebbe quindi esercitare la propria estroversione, sforzandosi di aprirsi ad un maggiore contatto con gli altri ed evitando le generalizzazioni. Inoltre è importante concentrarsi su ciò che si può dare agli altri, oltre che su quello che si può ricevere da loro. Alcune attività estroverse potrebbero essere gli sport di squadra, oppure cantare in un coro o suonare in un gruppo, o ancora un corso di danza o di recitazione.

Se siamo *judgers*, tendiamo ad essere puntuali, organizzati e affidabili, ma la nostra J può renderci troppo rigidi e inflessibili, freddi, e quindi fare in modo che gli altri ci percepiscano come dei soffocanti maniaci del controllo. Perciò, una persona la cui J è molto sviluppata dovrebbe esercitare la sua P, intraprendere attività che non ha meticolosamente organizzato in anticipo, godersi la compagnia e il dialogo con gli altri anche quando sembra vuoto e inutile, lasciarsi sorprendere dalle cose e dalle persone. Potrebbe ritagliarsi del tempo in cui rilassarsi non facendo assolutamente nulla di costruttivo, imponendosi di ignorare i doveri e imparando ad assaporare il riposo dalle responsabilità senza sentirsi per questo in colpa.

Se siamo *perceivers*, siamo spontanei, entusiasti e curiosi, ma rischiamo di entusiasmarci per troppe cose senza mai portarne a termine nessuna, risultando così volubili, inaffidabili e inconcludenti. Una persona con una P molto sviluppata, quindi, dovrebbe esercitare la sua J, la sua disciplina, organizzando almeno parte della sua giornata o della sua settimana, imponendosi di portare a termine qualche compito e poi concedendosi un premio secondo un'ottica del tipo "prima il dovere e poi il piacere". Potrebbe scegliere un hobby anche creativo, ma cercare di concentrarsi solo su quello e non sostituirlo troppo presto con qualcosa di più interessante, e godersi i risultati di un'attività a cui ha dedicato tempo ed energia con dedizione.

Capitolo 7

Relazioni tra i tipi

Conoscere la teoria MBTI e i diversi tipi psicologici ha, come primo vantaggio pratico e concreto, quello di aiutarci a gestire meglio le nostre relazioni. Nessuna relazione è perfetta, i motivi di scontro sono tanti e frequenti e a volte, per quanto insignificanti, portano seri problemi all'interno del rapporto, o ne causano addirittura la fine. Questo succede proprio perché ognuno di noi percepisce ogni cosa in maniera del tutto personale, e anche un avvenimento, una parola o un'azione da nulla possono essere interpretati come problemi insormontabili.

Ecco dov'è che la conoscenza dei tipi ci viene in soccorso: se capiamo i tratti distintivi della personalità dell'altro, saremo anche in grado di comunicare nel modo a lui più comprensibile e di evitare tutto ciò che potrebbe offendere la sua sensibilità, che potrebbe essere molto diversa dalla nostra.

Vediamo ora i singoli casi in cui conoscere le specifiche componenti della personalità nostra e altrui può aiutarci a interagire.

Pensiero vs Sentimento

Se noi siamo T dovremo ridurre o correggere la nostra tendenza a criticare e a sottolineare ogni errore dell'altro. Non dobbiamo necessariamente smettere di farlo, ma almeno cercare di farlo in maniera costruttiva e non aggressiva: i tipi F percepiscono questi comportamenti come dei freddi attacchi personali, e quindi in generale come disprezzo nei loro confronti. È perciò opportuno sottolineare prima gli aspetti positivi, i punti su cui siamo d'accordo, facendo così sentire apprezzati e compresi i nostri interlocutori; dopodiché possiamo sottolineare tutto ciò che può essere migliorato, nel modo più delicato possibile. È importante inoltre mantenere il contatto visivo e cercare di controllare le nostre espressioni facciali, poiché molto spesso possono risultare sprezzanti.

Se invece siamo F, dovremo prestare attenzione a risultare chiari e logici, senza lasciarci sopraffare dalle emozioni. Se saremo troppo emotivi, infatti, i tipi T non ci prenderanno sul serio e percepiranno i nostri discorsi come irragionevoli e insensati, e quindi privi di contenuti rilevanti; non sono infatti abituati a tenere in considerazione le emozioni altrui, soprattutto se non vengono dichiarate esplicitamente. A proposito di ciò, è meglio esprimere le emozioni solo dopo aver attirato l'attenzione del tipo T attraverso la logica, parlando degli aspetti razionali dell'argomento in questione; dopodiché possiamo spiegare come ci sentiamo – o come si sentono le altre persone coinvolte –, sforzandoci di farlo nel modo più conciso e chiaro possibile, evitando a tutti i costi le scene drammatiche. Evitiamo soprattutto di chiedere al tipo T come si sente lui, e chiediamo piuttosto che cosa pensa.

Intuizione vs Sensazione

Se siamo N dovremo cercare di esprimere quello che vogliamo in maniera chiara ed esplicita; se i nostri discorsi sono vaghi o troppo teorici, i tipi S possono percepirli come irrealistici e privi di basi concrete. Le digressioni e i voli pindarici possono annoiarli e dar loro la sensazione che il discorso non arrivi da nessuna parte; hanno bisogno che si arrivi al punto, vogliono informazioni rilevanti e concrete, possibilmente in ordine sequenziale. Le supposizioni lasciano il tempo che trovano. È importante soprattutto concludere le frasi e i concetti perché, se lasciati a metà, irriteranno molto il tipo S. Nel caso in cui volessimo passare a un altro argomento o concetto, sarebbe bene dichiararlo esplicitamente, se necessario perfino preparare una lista di temi da trattare. Infine, può essere utile evidenziare eventuali applicazioni pratiche delle nostre idee.

Se invece siamo S, al contrario, dovremo imparare a sottolineare i possibili risvolti futuri di ciò di cui stiamo parlando. Se restiamo su un piano troppo concreto senza staccarci dal presente e dai dati di cui disponiamo già, rischiamo di annoiare i tipi N, che ci percepiranno come privi di fantasia e immaginazione e poco stimolanti. Dobbiamo sforzarci di comprendere il punto di vista del tipo N, anche quando quello che sta dicendo ci sembra campato in aria e poco concreto: del resto, alcune delle sue idee saranno sicuramente piene di potenziale, e potrebbero essere attuate su un piano concreto, perciò restiamo aperti a nuove possibilità. Evitiamo invece di perderci in innumerevoli dettagli, perché perderemmo l'interesse e l'attenzione dei tipi N, e cerchiamo invece di avere una visione più globale della questione. Cerchiamo di sollecitare la loro immaginazione.

Estroversione vs Introversione

Se siamo estroversi, probabilmente avremo difficoltà a comprendere quanto sia importante, per un introverso, dedicare del tempo (a volte anche *molto* tempo) a sé stesso. È importante capire che questo bisogno fa parte della sua natura, e non è un rifiuto personale nei nostri confronti, o un modo per scaricarci e andare a divertirsi con qualcun altro, o ancora una dichiarazione di superiorità intellettiva. L'introverso ha bisogno dei suoi spazi anche se è il nostro partner e ci ama follemente; ne ha bisogno perché è il suo modo di ricaricare le pile, è ciò che gli dà energia ed è un diritto che non possiamo negargli, a meno che non vogliamo che stia male e che finisca per odiarci. Per poter comunicare con gli introversi in maniera soddisfacente per entrambi è necessario il rispetto, e questo significa anche rispettare gli spazi e i tempi dell'altro. Da estroversi, dobbiamo offrire all'introverso ascolto, evitare di parlare sempre e solo noi, e lasciargli il tempo di riflettere sulle cose; non, quindi, aspettarci che sia logorroico ed esprima le sue idee come un fiume in piena, e tanto meno che se ne stia zitto e lasci che a parlare siamo solo noi: questo succede spesso, ma nella maggior parte dei casi, in una situazione del genere, l'introverso penserà che non ci importi affatto di cosa pensa lui, e di conseguenza la comunicazione non può in alcun modo dirsi soddisfacente per entrambi. È molto importante, dunque, anche evitare di cambiare argomento molto spesso e velocemente, e soprattutto di interromperli mentre sono loro a parlare. Può venirci in soccorso la comunicazione scritta (email, messaggi, biglietti e lettere), spesso e volentieri preferita dagli introversi rispetto a quella orale, perché permette loro di organizzare i pensieri in maniera più efficace.

Se invece siamo introversi, l'esuberanza dell'estroverso e i suoi tentativi di coinvolgerci ci sembreranno invadenti e intrusivi, una mancanza di rispetto a danno del nostro spazio e della nostra privacy; in realtà, dobbiamo capire che certi comportamenti non sono altro che le manifestazioni del loro interesse nei nostri confronti, della loro voglia di conoscerci meglio e passare del tempo insieme a noi. Un altro errore che facilmente potremmo commettere è quello di giudicare gli estroversi come superficiali e conformisti a causa della vita mondana che conducono e del modo in cui si relazionano con gli altri. Ovviamente, il fatto che il loro atteggiamento nei confronti della realtà sia così diverso dal nostro non significa che sia peggiore, o che loro prendano le cose con troppa leggerezza; hanno solo un modo diverso di approcciarsi alle cose e alle persone (modo che, peraltro, si rivela spesso efficace nel concreto). Noi non possiamo e non dobbiamo aspettarci per nessun motivo che si adeguino invece al nostro modo di fare, perché per loro significherebbe snaturarsi. Così come, più in generale, non possiamo pretendere rispetto se non lo diamo a nostra volta. Al contrario, se ci teniamo ad avere una relazione soddisfacente con una persona estroversa, dobbiamo venirci incontro reciprocamente, e questo significa che noi, da introversi, dobbiamo sforzarci di coinvolgerlo nelle nostre cose e di lasciarci coinvolgere in attività che magari, in altri casi, non avremmo mai preso in considerazione. Vediamolo come un modo di arricchirci a vicenda, piuttosto che come una forzatura. Inoltre dobbiamo dare all'altro la possibilità di parlare liberamente, di pensare ad alta voce come è abituato a fare, e anzi sforzarci di seguire il suo esempio e di partecipare nella stessa misura alla conversazione, senza impuntarci su un solo argomento ma cercando di spaziare il più possibile ed evitando, invece, di perderci nelle nostre abituali elucubrazioni filosofiche, soprattutto quando invece ci viene richiesta azione e non (troppa) riflessione.

Giudizio vs Percezione

La distanza tra J e P, se ampia, può essere la più difficile da gestire e la più importante – e a volte insormontabile – causa di disaccordo o incompatibilità tra due persone. Come sappiamo, J è orientata verso le regole, la metodicità, il rispetto per l'autorità; al contrario, P tende alla ribellione, ricerca la libertà d'espressione, odia programmare e seguire le regole. Ogni individuo, tuttavia, in ogni componente della sua personalità può essere più o meno vicino al centro del continuum, perciò un individuo P e uno J potrebbero anche essere perfettamente compatibili e anzi compensarsi a vicenda in maniera ottimale a seconda di *quanto P* è l'uno e *quanto J* l'altro.

Se siamo **J**, nel rapporto con un P dobbiamo smettere di aspettarci che prenda decisioni affrettate e lasciargli tutto il tempo che gli serve per considerare varie possibilità, rispondere alle sue domande con pazienza e offrire diverse scelte. Inoltre, dobbiamo tenerci pronti a considerare strade alternative che il soggetto P sicuramente sottoporrà alla nostra attenzione, e a cui noi difficilmente avremmo pensato.

Se invece siamo **P**, nel rapporto con un J dobbiamo sforzarci di essere puntuali, di non perdere tempo in cose inutili e soprattutto non farlo perdere a lui. Dobbiamo rassegnarci a seguire le regole il più possibile e non lasciare problemi in sospeso, ma discuterne quanto prima e risolverli nei tempi più brevi possibili.

In ogni caso, tutto questo significa solo venirsi incontro a vicenda; nessuno deve fingere o sforzarsi di diventare una persona diversa da quella che è, anche perché sarebbe inutile o controproducente, e si tradurrebbe in falsità e scarsa autenticità, che di sicuro non sono armi valide per avere buoni rapporti con gli altri. Conoscere le inclinazioni e i tipi psicologici diversi dal nostro ci permette di adottare *in modo provvisorio* un linguaggio differente per capire e farci capire dall'altro, ma non cambia e non deve cambiare il nostro modo di essere, né ovviamente quello dell'altro.

Il modo migliore per creare sintonia con gli altri consiste nello sfruttare – quando ci sono – le preferenze cognitive condivise. Per esempio, supponiamo di essere INFJ e di avere a che fare con un ENFP. La strategia vincente consiste nel far leva sui nostri lati relativi a N ed F, che abbiamo in comune con l'altra persona anche se, per molti altri versi, siamo differenti. ESTP è l'unico tipo con cui non abbiamo nessuna preferenza in comune; in quel caso possiamo servirci semplicemente della nostra conoscenza delle sue preferenze e, se il rapporto verrà approfondito, scopriremo comunque su quale dei quattro continuum le nostre posizioni sono meno distanti.

7.1 Affinità di coppia

Ed ecco infine il momento più atteso. Quali sono i tipi più adatti a noi? Di quali tipi siamo i partner ideali?

Innanzi tutto, anche qui non c'è una risposta univoca e definitiva perché, anche se possiamo stabilire in termini generici quali tipi sono compatibili e quali no, ognuno di noi è attratto da cose diverse: qualcuno cerca affinità, qualcun altro è invece attratto da persone con caratteri completamente diversi dal proprio e così via; inoltre due persone sufficientemente equilibrate e aperte possono riuscire ad avere una relazione sana a prescindere dai loro tipi psicologici.

È piuttosto scontato che, quante più preferenze condividiamo con un altro individuo, tanto più compatibili saremo. Ma questo non può garantire che avremmo una relazione soddisfacente; al contrario, la scarsa varietà potrebbe risultare noiosa. In linea di massima, una relazione tra tipi troppo simili o troppo diversi presenta non poche difficoltà da gestire, nel primo caso per carenza di stimoli, nel secondo per assenza di punti di contatto. La relazione ideale – almeno in teoria – è quella tra due tipi che condividono due preferenze, per esempio ISFJ e INTJ, oppure ENFP e INFJ. In ogni caso, a prescindere dalle preferenze, gli ingredienti essenziali in una relazione restano l'amore, l'accettazione e il rispetto, che non dipendono affatto dalle preferenze cognitive. Rinnegare sé stessi per compiacere l'altro non porta da nessuna parte, così come pretendere che l'altro si adegui a quello che vogliamo noi a scapito delle sue stesse necessità. Nel caso di due tipi molto simili, se anche uno dei due si "sacrificasse" per compiacere l'altro, non sarebbe un grosso problema perché, in realtà, non avrebbe bisogno di allontanarsi molto dalle sue inclinazioni e annullare la propria personalità. Tuttavia non sarebbe una buona premessa per una relazione sana.

In definitiva, il successo di una relazione non dipende dalle preferenze cognitive. E, soprattutto, il cervello di nessun essere umano sceglierà mai di sentirsi attratto da qualcuno sulla base del suo tipo psicologico.

Conclusioni

Tirando le somme, abbiamo avuto modo di conoscere meglio le componenti della nostra personalità e quindi di capire un po' meglio noi stessi, ma anche di scoprire informazioni importanti sulle personalità altrui, diverse dalla nostra. Sappiamo che ognuno ha inclinazioni diverse e che perfino due individui con inclinazioni simili possono averle in misure molto diverse. Nonostante le sigle dei tipi psicologici possano sembrare e funzionare come vere e proprie etichette (e spesso, soprattutto all'inizio, si può avere la tentazione di utilizzarle proprio come tali), la loro conoscenza è invece un modo per comprendere e accettare la diversità e la ricchezza di sfumature che contraddistinguono ogni singolo individuo, che è unico e irripetibile. Tutti noi abbiamo dei punti di vista preferiti, e nessuno di questi è migliore degli altri, perciò quello che dovremmo fare è mantenere un atteggiamento aperto nei confronti degli altri: le prospettive diverse dalla nostra non sono ostacoli, ma anzi possono arricchirci e ampliare le nostre vedute stimolando il nostro cervello, di cui altrimenti faremmo un uso molto limitato.

Tutti abbiamo bisogno di *tutte* le componenti e di *tutte* le funzioni: se fossimo, per esempio, totalmente introversi, non ci confronteremmo mai con gli altri e non potremmo crescere ed evolverci, e se fossimo totalmente estroversi non rifletteremmo mai sulle cose e non impareremmo a stare con noi stessi, perciò non arriveremmo mai a conoscerci davvero. Anche per questo non avrebbe senso considerare una componente, o una funzione cognitiva, superiore o migliore di un'altra, perché tutte sono dentro di noi, solo in misure diverse.

Detto questo, che validità ha l'MBTI? Molti lo mettono in discussione, e in particolare c'è un forte accanimento non tanto nei confronti della teoria in sé, quanto nei confronti dei test. Online si trovano molti test sia in inglese che in italiano, alcuni evidentemente più accurati di altri, e non manca mai chi si prende il disturbo perfino di scomodare studiosi e statistiche varie per contestarne l'efficacia. Personalmente ritengo che i test possano essere un buon punto di partenza per farsi un'idea su quale *potrebbe* essere il proprio tipo psicologico, soprattutto se si sceglie di rispondere a tanti test diversi (spesso ottenendo anche risultati diversi), ma la cosa migliore è studiare per conto proprio le varie componenti e funzioni cognitive e capire così non solo a quale tipo si appartiene, ma anche che cosa significa e quali sono le caratteristiche che lo contraddistinguono.

Voglio sottolineare ancora una volta che la teoria Myers-Briggs è appunto una teoria, e come tutte le teorie – soprattutto riguardo alla psiche umana – non può essere dimostrata in maniera definitiva. Ognuno è libero di formarsi la propria opinione a riguardo. Io stessa, da sostenitrice della teoria che si è premurata perfino di scrivere un libro a proposito, per esempio non sono molto convinta riguardo all'ordine prestabilito delle funzioni cognitive per ogni tipo, e credo che si possano avere preferenze molto più varie. Mi sono serviti molto tempo e molte ricerche per arrivare a questa conclusione, e ciò che mi sento di ripetere per l'ultima volta è proprio questo: siamo liberi di pensare quello che vogliamo, ma non possiamo contestare qualcosa che non conosciamo.

Bibliografia

Franchi Eva Maria, *I tipi psicologici: istruzioni per l'uso*, Borgo Valsugana: Fontana Editore, 2017

Jung Carl Gustav, *Tipi psicologici*, Torino: Bollati Boringhieri, 2011

Sitografia

https://keirsey.com/temperament-overview/

https://personalityhacker.com/personality-development-tools-the-car-diagram/

https://www.16personalities.com

https://www.careerplanner.com/8CognitiveFunctions/Cognitive-Functions-Simply-Explained.cfm

http://www.lastessamedaglia.it/category/psicologia/mbti-2/

https://www.personalitycafe.com/articles/25205-dominant-tertiary-loops-common-personality-disorders.html

https://www.psychologyjunkie.com/2017/11/10/introduction-shadow-functions/

I TEST PIÙ ACCURATI (Secondo me)

http://www.lastessamedaglia.it/2011/04/test/ (italiano)

https://personalityhacker.com/genius-personality-test/?cookieUUID=795327e2-67f0-447c-a237-a109af30eee4 (inglese)